中国与东盟国家

区域经济增长的空间溢出效应

杨宏昌◎著

吉林大学出版社

·长春·

图书在版编目（CIP）数据

中国与东盟国家区域经济增长的空间溢出效应 / 杨宏昌著. -- 长春：吉林大学出版社，2022.9
　　ISBN 978-7-5768-0820-9

　　Ⅰ.①中… Ⅱ.①杨… Ⅲ.①区域经济合作—国际合作—研究—中国、东南亚国家联盟 Ⅳ.① F125.4 ② F133.54

中国版本图书馆 CIP 数据核字（2022）第 192279 号

书　　名：	中国与东盟国家区域经济增长的空间溢出效应
	ZHONGGUO YU DONGMENG GUOJIA QUYU JINGJI ZENGZHANG
	DE KONGJIAN YICHU XIAOYING
作　　者：	杨宏昌　著
策划编辑：	李伟华
责任编辑：	张维波
责任校对：	单海霞
装帧设计：	中北传媒
出版发行：	吉林大学出版社
社　　址：	长春市人民大街 4059 号
邮政编码：	130021
发行电话：	0431-89580028/29/21
网　　址：	http://www.jlup.com.cn
电子邮箱：	jldxcbs@sina.com
印　　刷：	艺通印刷（天津）有限公司
开　　本：	710mm×1000mm　　1/16
印　　张：	12.5
字　　数：	160 千字
版　　次：	2023 年 1 月　第 1 版
印　　次：	2023 年 1 月　第 1 次
书　　号：	ISBN 978-7-5768-0820-9
定　　价：	68.00 元

版权所有　翻印必究

前 言

本书是作者长期对中国与东盟国家经济增长溢出效应相关研究成果的总结。中国与东盟国家山水相连，经济增长关联性正在不断增强，但目前我国对中国与东盟国家经济增长溢出的系统研究较少。本书尝试在理论上构建经济增长跨国溢出的一般分析框架，在实践上分析中国与东盟国家经济增长的溢出效应及影响。通过本书的研究，希望能够为中国与东盟国家经济增长溢出的相关研究做出贡献。

本书共分为七章。第一章为引言；第二章为相关研究进展与述评；第三章为经济增长跨国溢出的理论问题研究，包括传统的经济溢出理论、经济增长溢出的一般理论、经济增长跨国溢出理论；第四章为中国与东盟国家经济增长的空间关联及溢出效应评测，运用社会网络分析方法（SNA）构建了中国与东盟国家经济增长溢出的网络，通过分析网络的基本特征，构建经济增长跨国空间溢出的基本模型，测算出中国与东盟国家经济增长溢出效应的大小；第五章为经济增长空间溢出效应的影响分析：区域经济收敛，验证中国与东盟国家经济增长的 σ 收敛和 β 收敛，并运用空间计量经济方法，分析中国与东盟国家经济增长溢出效应对经济收敛的影响；第六章为促进中国与东盟国家经济增长溢出的对策措施，从政治互信、产业分工、贸易互补、通道建设等多个方面，提出相关措施；第七章为结论与展望。

感谢广西高校中青年教师科研基础能力提升项目"交通可达性与沿边经济发展——以广西为例"（2019KY0200）、广西民族大学校级引进人才科研启动项目"南向通道促进广西开放发展的理论与策略"（2018SKQD20）的资助，使得本书相关研究能够顺利进行，并整理出版！特别感谢广西大学博士生导师黎鹏教授在我读博士期间对我的培养，以及在我工作后对我的继续支持和指导，使我能够在科研的道路上走得更快、更远、更顺！感谢广西民族大学博士生导师胡超教授对本书的修改提出了宝贵的意见和建议！衷心感谢我的爱人唐小燕，没有她的支持，我不可能顺利地博士毕业，本书的相关研究也无法完成，本书的出版更无从谈起！感谢我的女儿杨宸涵，在本书核心内容成稿时她还是个不到1岁的宝宝，本书的修改定稿也是在她每天"爸爸为什么不陪我睡觉"的疑惑中完成的。还要特别感谢吉林大学出版社对于本书出版的大力支持。由于本人学术水平有限，加之时间仓促，本书难免存在疏漏之处，恳请广大读者批评指正！

杨宏昌

广西民族大学经济学院

2022 年 6 月

目 录

第一章 引言 001
  1.1 问题的提出及研究意义 001
    1.1.1 问题的提出 001
    1.1.2 研究的理论与实践意义 003
  1.2 研究的内容结构及方法 005
    1.2.1 主要研究内容 005
    1.2.2 研究思路及逻辑框架 006
    1.2.3 主要研究方法 008

第二章 相关研究进展与述评 009
  2.1 关于溢出的基本概念 009
    2.1.1 技术和知识溢出 010
    2.1.2 FDI 溢出 012
    2.1.3 简要评述 014

2.2 关于溢出的基本关系 ... 015
2.2.1 溢出与空间距离 ... 015
2.2.2 溢出与集聚 ... 016
2.2.3 简要评述 ... 017

2.3 经济增长溢出效应 ... 018
2.3.1 不同区域范围上的经济增长溢出效应 ... 018
2.3.2 我国区域间经济增长的溢出效应 ... 020
2.3.3 简要评述 ... 021

2.4 中国与东盟国家的区域关联 ... 023
2.4.1 中国与东盟国家地缘经济关系 ... 023
2.4.2 中国与东盟国家产业关联 ... 024
2.4.3 中国–东盟自由贸易区建设 ... 025
2.4.4 简要评述 ... 026

第三章 经济增长跨国溢出的理论问题研究 ... 029
3.1 传统增长理论对经济增长溢出的解释 ... 030
3.1.1 大推进理论 ... 030
3.1.2 不平衡增长理论 ... 032
3.1.3 循环累积因果理论 ... 033
3.1.4 中心–外围理论 ... 034
3.1.5 小结 ... 036

3.2 经济增长溢出的理论解释 036
3.2.1 经济增长溢出的来源 036
3.2.2 经济增长溢出机制 040
3.3 经济增长跨国溢出理论 049
3.3.1 经济增长跨国溢出的特点 050
3.3.2 经济增长跨国溢出机制 051
3.3.3 经济增长跨国溢出的评测方法 071

第四章 中国与东盟国家经济增长的空间关联及溢出效应评测 ...075
4.1 中国与东盟国家经济增长现状与趋势 075
4.1.1 经济增长现状 076
4.1.2 经济增长趋势 079
4.2 中国与东盟国家贸易发展状况 082
4.2.1 贸易状况及趋势 082
4.2.2 贸易网络及强度 089
4.2.3 贸易互补性与竞争性 096
4.2.4 贸易政策演化 103
4.3 中国与东盟国家经济增长的溢出网络 107
4.3.1 溢出网络的建立 107
4.3.2 溢出网络特征 111
4.4 中国与东盟国家经济增长空间溢出效应测算 116
4.4.1 经济增长空间溢出模型构建 116

  4.4.2 变量的选择与数据来源 119
  4.4.3 溢出效应测算 122

第五章 经济增长空间溢出效应的影响分析：区域经济收敛 129
 5.1 经济增长空间溢出与经济收敛的理论关系 130
  5.1.1 经济收敛理论脉络 130
  5.1.2 经济收敛研究方法 131
  5.1.3 增长溢出与经济收敛的关系 133
 5.2 中国与东盟国家经济增长收敛的事实 136
  5.2.1 中国与东盟国家经济增长 σ 收敛 136
  5.2.2 中国与东盟国家经济增长的绝对 β 收敛 140
 5.3 中国与东盟国家经济增长溢出效应对经济收敛的影响 142
  5.3.1 经济增长溢出效应对经济收敛影响的模型选择 142
  5.3.2 变量的选取 143
  5.3.3 中国与东盟国家经济增长溢出对增长收敛的实证结果 ... 145
 5.4 本章小结 151

第六章 促进中国与东盟国家经济增长溢出的对策措施 153
 6.1 以政治稳定为前提，加强政治互信与政策沟通 156
  6.1.1 创造稳定的国内政治经济环境 156
  6.1.2 加强政治互信与政策沟通 157
  6.1.3 建立超国家的管理机构 158

6.2 加快产业的国际分工，增强贸易与经济的互补性 158
    6.2.1 促进产业的国际转移，形成合理的产业分工 158
    6.2.2 创新贸易方式，增强贸易互补性 160
6.3 加强溢出通道建设，促进溢出效应更好地发挥 162
    6.3.1 加强综合交通运输体系建设，促进设施联通 162
    6.3.2 提高金融市场的开放度，促进资本的跨国流动 163
    6.3.3 增强文化交流，促进人员的跨国流动 164
    6.3.4 加强科技合作，带动技术的跨国流动 165

第七章 结论与展望 167
7.1 主要结论 167
7.2 创新之处 170
7.3 研究的不足与未来的研究方向 171

参考文献 173

第一章 引 言

1.1 问题的提出及研究意义

1.1.1 问题的提出

自 2010 年中国 – 东盟自贸区建成以来，中国成为东盟的第一大贸易伙伴国，而东盟则在 2020 年超越欧盟成为中国的第一大贸易伙伴，2021 年仍然保持中国第一大贸易伙伴的位置。早在 2013 年，李克强总理就提出打造中国 – 东盟自贸区升级版的倡议，其核心目的是要进一步提高与东盟国家经济增长的关联性和中国 – 东盟区域经济一体化水平。同年，习近平主席先后提出了建设"丝绸之路经济带"和"21 世纪海上丝绸之路"的倡议，即"一带一路"倡议，该倡议将发展对外经济关系、对外开放水平提升到了一个新的高度。东盟是"21 世纪海上丝绸之路"的国外起点，也是关系"21 世纪海上丝绸之路"倡议发展成效的核心地区。2021 年习近平主席在出席中国 – 东盟建立对话关系 30 周年纪念峰会上提出"构建更为紧密的中国 – 东盟命运共同体，共创更加繁荣美好的地区和世界"，中国东盟正式宣布建立中国东盟全面战略伙伴关系。在这样的背景下，思考如何与东盟国家建立起更加紧密合理的国际经济关系、最大限度地获得与东盟合作中的利益、共享经济发展的成果，成为今后理论与实践中必须面对的一个重要问题。

实际上，中国和东盟国家经过多年的贸易和人员往来，已经在经济上形成了高度的关联和依赖关系，最直接的体现就是各种跨国经济合作机制的不断形成和快速发展。1992 年，中国、缅甸、老挝、泰国、柬埔寨、越南 6 国共同发起了大湄公河次区域经济合作（GMS）机制建设；2004 年，中国和越南两国发起了"昆明—广宁""南宁—广宁"以及环北部湾经济圈的"两廊一圈"建设；2010 年中国 - 东盟自由贸易区的建立，标志着中国和东盟国家经贸合作关系达到一个新的高度；2013 年李克强总理提出的孟中印缅（孟加拉国、中国、印度、缅甸）经济走廊建设，将中国和东盟国家的经济关联拓展到南亚经济圈；2015 年第 12 届中国 - 东盟博览会上，中国和中南半岛各国提出加快推进中国 - 中南半岛国际经济走廊建设，是对中、越两国"两廊一圈"经济合作机制的进一步拓展。2020 年在东盟国家倡议和全力推动下，东盟 10 国与中国、日本、韩国、澳大利亚、新西兰 5 国签署了《区域全面经济伙伴关系协定》（RCEP），拓展了中国与东盟经贸关系边界，世界上规模最大、人口最多、潜力最大的自由贸易区正式启航。

除了中国和东盟国家共同推动的经济合作机制外，东盟内部的经济合作机制建设也在不断加强。从 1967 年东盟 5 国签署《东南亚友好合作条约》，到 2015 年东盟经济共同体的建成，标志着东盟各国的经济联系不断加强，东盟内部的区域一体化程度不断加深。

总之，中国和东盟国家经济增长间的关联性随着区域经济一体化程度的加深而不断增强。在目前逆全球化和贸易保护主义抬头的背景下，中国与东盟国家越来越紧密的经济往来显得弥足珍贵，并且随着中国经济从高速增长向高质量发展过渡，部分产业从中国向东南亚国家转移，形成了产业链条上的上下游关系，使得中国和东盟国家在经济上的关联性进一步加强。中国与东盟国家之间、东盟国家内部经济增长的溢出效应越来越明显，研究和探讨中国和东盟国家经济增长的相互促进与带动作用以及经济增长的溢出强度，有利于更好地把握我国与东盟国家经济增长的互动关系，是"一带一路"、中国 – 东盟自由贸易区升级版、RCEP、中国东盟全面战略伙伴关系建设需要解决的重要课题。

1.1.2 研究的理论与实践意义

中国和东盟国家经济增长的空间关联与溢出效应研究，是中国 – 东盟自由贸易区、"海上丝绸之路"建设、RCEP、中国东盟全面战略伙伴关系所必须面对的问题，这一研究具有重要的理论意义和应用前景。

1.1.2.1 理论意义

第一，通过系统、深入地分析溢出的相关概念、溢出与空间距离和集聚的关系、经济增长溢出理论的基本内涵，梳理经济增长溢出的研究脉络，在融入国际新形势和研究新进展的基础上，进一步深化这些理论在经济增长跨国溢出理论中的应用。

第二，溢出研究的兴起是伴随着新经济增长理论的发展而来的，本研究将新经济增长理论最为关注的、不能被资本和劳动解释的产出增长的原因——经济溢出作为一项重要的因素纳入研究范畴，同时将主流经济学家所一直忽视的空间问题作为分析的重要对象之一，将空间阻隔纳入新经济增长理论的溢出分析中，无论是对经济增长理论还是对溢出理论都具有一定的参考价值。

第三，通过多模型对比的方法，研究确定影响经济增长跨国溢出的因素，系统地分析其在经济增长跨国溢出进程中的影响机理、影响方向与路径、影响力大小和影响传导机制，从而揭示新阶段经济增长跨国溢出的影响机理，丰富了经济溢出理论的理论空间和学术空间。

第四，在对原有解释经济增长跨国溢出模型深入分析的基础上，根据时代新特点和研究新动向，在保持原有模型解释力的前提下，对原模型进行适当的修改和调整，建立起更加一般化、更加适用于多国经济溢出分析的理论模型。

1.1.2.2 现实意义

本书系统地研究了中国与东盟国家经济增长的空间关联性，研究了中国与东盟国家之间经济增长溢出效应的大小和溢出的路径及机理，对"升级版"中国－东盟自贸区建设和海上丝绸之路建设都具有重要的实践参考意义。

第一，有利于中国－东盟自贸区"钻石十年""海上丝绸之路"、RCEP、中国东盟全面战略伙伴关系建设的顺利推进。东盟主要国家是我国建设"海上丝绸之路"的枢纽地区，是我国今后对外开放发展的重点地区，中国与东盟国家经济增长的溢出研究，将有效提升中国－东盟自贸区"钻石十年"多边合作开发的质量，将"海上丝绸之路"的地理区位优势与"钻石十年"的时间优势相结合，实现中国与东盟国家更加紧密的协同发展。

第二，有利于中国全面认清与东盟国家经贸往来中的薄弱环节，为今后全面强化国际合作提供保障。通过分析中国与东盟国家贸易商品的结构、贸易网络强度、贸易的互补性和竞争性以及各个国家对贸易政策的导向，把握中国在参与自贸区建设中的瓶颈问题，并通过各个国家之间经济增长空间关联的路径和强度分析，确定中国今后与东盟国家加强合作所需要不断强化和调整的环节。

第三，通过对中国与东盟国家经济增长溢出效应的分析，更加明确中国从东盟各个国家发展中所获得利益的多寡，为今后贸易和投资政策的调整提供决策参考。

第四，提供具有普遍指导意义和参考价值的跨国贸易、投资的思维模式与实践方法。以中国和东盟国家为研究案例，深刻地分析中国在与周边国家发展贸易和投资关系时，为了更好地获得经济溢出收益，需要注意的发展风险和采取的有力措施，为我国与东北亚和中亚国家或地区制定和实施开放经济发展战略提供借鉴参考。

1.2 研究的内容结构及方法

1.2.1 主要研究内容

本研究的核心是构建了经济增长跨国溢出的基本分析模型，并实证研究了中国和东盟国家经济增长的空间关联及其溢出效应。具体来讲，全书共分为七章。

第一章是引言。主要介绍了本研究的研究背景，以及本研究的理论和现实意义，提出本研究的基本思路和主要的研究内容，阐述了本研究所采用的主要研究方法。

第二章是文献综述。主要界定了与溢出相关的几个基本概念，阐述了溢出与空间距离和集聚的基本关系，总结了前人对经济增长溢出以及中国和东盟国家区域关联的已有研究。

第三章是理论分析的框架。首先介绍了传统的经济增长溢出理论，接着阐述了经济增长溢出的一般理论，最后在一般理论的基础上，从经济增长跨国溢出的特点、溢出机制和评测方法三个方面探讨了经济增长的跨国溢出基本理论。

第四章是实证分析。第一部分分析了中国和东盟国家经济增长的现状。第二部分从贸易趋势、贸易网络的强度、贸易的互补性与竞争性、贸易政策的演化几个方面分析了中国和东盟国家贸易发展的状况。第三部分实证分析了中国和东盟国家经济增长溢出的基础——空间关联。第四部分运用空间计量经济模型测算了中国和东盟国家经济增长的溢出效应，分析了各个溢出渠道对中国和东盟国家经济增长溢出的影响。

第五章是经济增长溢出效应的影响分析。梳理了经济收敛的一般理论，阐述了经济增长溢出与经济收敛的关系，实证分析了中国与东盟国家经济增长收敛的事实，验证了经济增长溢出对各个国家经济收敛的影响。

第六章是根据上文研究的结论，提出了促进中国与东盟国家经济增长溢出的对策建议。

第七章是对全书结论的总结，并阐述了本研究可能的创新点和存在的不足，说明了进一步研究的方向。

1.2.2 研究思路及逻辑框架

本研究首先通过对区域经济增长溢出一般理论的梳理，探讨了区域经济增长溢出的一般路径和溢出机制，在该基础上结合经济增长跨国溢出的特点，从跨国商品贸易、跨国资本流动、跨国劳动力流动、跨国技术要素流动几个方面，分析了经济增长跨国溢出的溢出渠道。然后以中国和东盟国家为实证分析的对象，分析了中国和东盟国家经济增长的空间关联性，并测算了中国和东盟国家经济增长的溢出效应大小以及各个溢出渠道在增长溢出中所发挥的作用。实证分析了经济增长溢出效应的影响——区域经济收敛。通过对中国和东盟国家经济增长的 σ 收敛与 β 收敛分析，实证地验证了经济增长跨国溢出对经济增长水平的影响。在以上研究的基础上，根据中国与东盟国家的现实特点，提出了促进中国与东盟国家经济增长溢出的对策措施。

本研究的逻辑框架如图 1-1 所示。

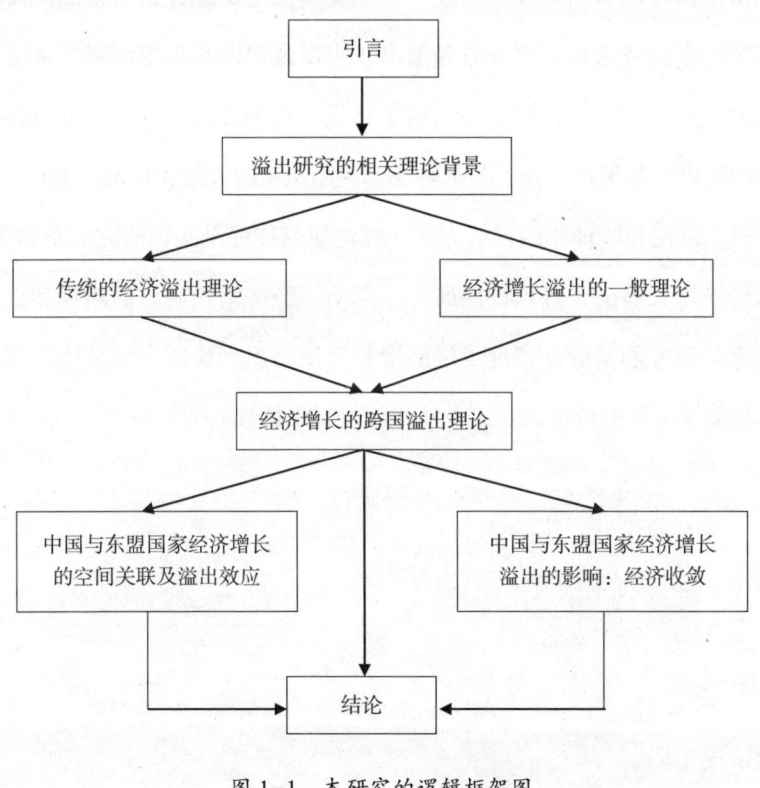

图 1-1 本研究的逻辑框架图

1.2.3 主要研究方法

根据研究的需要，本研究拟采用以下主要研究方法和手段。

第一，跨学科综合研究方法。本研究所涉及的内容包含了多个学科领域，既有经济学的内容，又涉及社会学等学科。本研究的复杂性和多维性，使得在开展研究时综合运用了区域经济学、经济地理学、国际经济学、国际贸易学、社会学等学科的基本理论和研究方法手段。

第二，定性与定量相结合的方法。本研究在对经济增长溢出的一般理论总结和经济增长跨国溢出的理论构建时，主要采用了定性分析的方法。而在对中国和东盟国家经济增长空间关联和溢出效应以及中国和东盟国家经济增长溢出的增长效应进行分析时，则主要采用了定量分析的方法。在定量分析部分，部分分析内容也是基于定性分析的基本逻辑，用定量的方法验证定性的理论。

第三，理论与实证相结合的方法。理论研究往往是实证研究的基础和指导。通过对经济增长溢出一般理论的研究，总结了经济增长溢出的路径和机制，从而在该理论研究的基础上梳理了经济增长跨国溢出理论的一般分析框架，为实证分析提供了分析的依据，从而在具体的研究中做到有的放矢。

第二章 相关研究进展与述评

2.1 关于溢出的基本概念

关于溢出，最早的解释是指液体过满而流出容器，是对自然界现象的一种客观描述。经济学界对溢出最早概念化的是马歇尔，他认为溢出就是外部性。Mankiw（2003）认为溢出之所以称为外部性，主要是因为溢出的影响是几乎不需要付出报酬又得不到任何补偿的。斯蒂格利茨（1997）所定义的溢出效应与外部性较为相似，他认为不包含在交易成本中的额外收益是溢出效应的来源。对于溢出的研究是一个长期的过程，但是随着新经济增长理论的发展，对溢出效应的研究开始逐渐的丰富起来。在新经济增长理论中，溢出特指经济活动的外部性（王铮 等，2005）。新经济增长理论将产出增长中不能由劳动力和资本投入解释的部分，归结为全要素生产率的贡献，认为在一个开放的经济系统中，地区经济增长除了依靠自身投入外，还受到邻近地区的影响，表现为一种外生性的特征，这就是经济溢出。我国学者宋承先（2004）则把私人收益与社会收益发生差异的现象称为溢出效应。汪素芹等学者（2003）将溢出的定义扩展到国际层面，认为在开放条件下，一国的经济增长与衰退会通过各种途径传递到他国，并相应地引起他国的增长与衰退，这就是国家间的溢出效应。潘文卿（2006）则将溢出效应视为反馈效应的对立，认为溢出效应是一个区域对另一个区域的单向影响，而反馈效应则是另一区域对这种单向影响的回应。

虽然国内外学者对溢出的定义各不相同，但是从本质上来看，他们都强调溢出效应是发生在开放的经济系统中，无论是一国内部还是国际之间的溢出效应，都需要各个地区或国家之间具有要素和商品流动的便利性。而且溢出效应是一种外部性，所以既有正向溢出，又有负向溢出。

2.1.1 技术和知识溢出

知识溢出的概念最早由 Dougall（1960）提出，认为知识溢出是国际直接投资对本国经济产生影响的重要途径之一，追求高收益的国际资本流动增加了世界经济的总产出和各国的福利水平。Arrow（1962）提出了"干中学"和"学习曲线"的概念，认为知识具有公共产品的性质，因此知识的传播能够带来溢出效应。研发或技术创新往往集中体现在新产品之中，通过产品的逆向研究，他人可以轻易获得别人通过大量投入而取得的研发或技术创新，而这种行为的成本往往为零，这种情形就是知识溢出。Stiglitz（1969）将知识溢出的行为与收益结合起来，认为知识溢出不仅是对其他创新活动的模仿，更能够从这种模仿行为中获得超过成本多倍的额外收益。Geroski（1988）认为技术和知识是可传递、可学习、可借鉴的，在这个过程中会产生知识溢出的现象。Kokko（1992）将知识溢出的范围扩展到国家之间，认为通过外商直接投资可以产生知识的溢出，在这种溢出中不存在技术的转让，外商企业也无法从这种溢出中获得收益。他认为知识溢出可以通过产品销售渠道、外来员工带入、外资企业示范效应三种途径实现。Jaffe（1996）认为知识溢出是创新与模仿的一种循环效应。Branstetter（1998）继承了这一定义，认为模仿者从创新者的创新活动中获得利益，但是并未承担创新的任何成本，这就是知识溢出。

我国对技术和知识溢出方面的研究从20世纪90年代开始逐渐丰富。司春林（1995）认为由于现阶段法律制度的不健全，一项新技术被发明之后，往往被其他人无成本地使用，这就是技术溢出。梁琦（1999）对知识溢出的研究较为丰富，她将知识溢出的效应分为正效应和负效应，正效应是学习成本的减少效应，而负效应则是指同样的创新付出，未能得到同量的回报。谢富纪（2001）不强调模仿者对创新和知识的模仿行为，而认为知识产生后会自然而然地向外溢出，并将知识溢出分为"分裂式"溢出和"纯知识"溢出两种类型。王立平等学者（2005）研究了知识溢出的规模经济和范围经济效应，认为知识溢出经济效应的发挥受到空间距离、市场结构、接受能力和社会网络等众多因素的影响。邬滋（2010）则认为知识溢出效应的发挥依赖于多样化的集聚结构，并且以产业内溢出为主。关于知识溢出对区域经济发展的影响，陈继勇等学者（2010）认为知识溢出净流入地区自主创新能力的提升具有自我强化的作用，这种能力提升会带来新的知识和投资，从而实现知识溢出、自主创新能力和外商直接投资的良性互动，实现区域的自我发展。徐盈之等学者（2010）通过研究知识溢出与经济增长的关系，发现知识存量对区域经济增长具有促进作用，知识溢出促进经济增长的效果受到地区人力资本水平和吸收能力的影响。

综上，知识具有部分公共产品的性质，知识溢出可以发生在企业层面，也可以发生在产业层面、区域层面和国家层面。知识溢出对纯溢出企业来讲，得到的补偿往往低于其投入成本，但是对整个区域和社会来讲，往往是福利的整体增加。知识溢出受到距离、知识存量、社会网络、市场结构等多种因素的影响，知识溢出在促进区域经济发展方面具有循环累积的效应。

R&D溢出即研发溢出，是与技术和知识溢出非常接近的一个概念，在很多的分析中，对两者并未做明显的差别对待。R&D溢出能够提高一国的劳动生产力水平（Scherer，1982；Griliches，1984）、产业关联度和技术密集度，从而能够带动一国产出水平的提高，并且能够提高一国制造业和服务业在产业结构中的比重，推动一国技术密集型产业的发展，实现产业结构的升级（Jaffe，1986；Bernstein，1988；Levin，1988）。在开放的经济系统中，一国的R&D溢出通过FDI流入和国际贸易两个途径对他国产生影响（张海洋，2005；李小平等，2006）。

2.1.2 FDI溢出

Blomstrom（1996）将FDI溢出效应定义为由于外商直接投资的进入，带来本国管理和技术水平的提高，而投资者并未从中获得收益的一种正的外部效应。实际上，学术界关于FDI对东道国企业产出是否有正向影响并未形成一致的结论。Crespo和Fontoura（2007）对FDI溢出的文献进行研究发现，学者对FDI溢出的分析结论不尽相同，有些结论甚至完全相反。例如Caves（1974）、Persson（1983）、Kolasa（2008）分别利用澳大利亚、墨西哥、波兰的数据对FDI溢出效应进行实证分析，都发现在投资行业内部存在着明显的正的溢出效应。然而Liu（2008）的研究却发现FDI在短期和当地企业的生产效率呈负相关关系。Chang 和 Xu（2008）认为 FDI 进入会对本地企业带来生存压力，造成短期内产出的下降。虽然对 FDI 溢出的影响研究还未达成一致，但是有一点是所有研究都认可和接受的：本地企业能否享受 FDI 正的溢出效应，与本地企业的吸收能力密切相关。

FDI 对一国经济发展特别是微观层面上企业发展的溢出效应，遵循一定的路径。有研究认为，FDI 的流入会给本国企业带来学习先进技术的机会，通过对国外技术和产品的逆向研究，可以产生模仿效应，同时由于 FDI 的流入，也会给本国企业带来竞争上的压力，迫使其投入更多的精力和资源来提升技术水平（Blomstrom,1989）。张建华等学者（2003）认为，FDI 溢出效应的发挥，要受到四种效应的影响：示范效应是本国企业对外国企业的模仿和学习；人员培训效应是由于外国企业的进入而对劳动力市场产生的整体技术水平提升效应；竞争效应是外国企业进入给本国企业技改所带来的竞争压力；关联效应是外国企业进入对产业链上下游企业技术进步所带来的影响。李平（2007）则认为，FDI 的溢出效应首先通过直接学习效应，也就是本地企业在与外国企业的产品、人员、技术等方面的直接接触中获得的技术提升，其次 FDI 的溢出效应表现为关联效应，最后 FDI 的溢出效应表现为研发的本地化，即研发资源使用的本地化、研发目标的本地化等。

FDI 溢出能否促进一国的经济增长，受到多种因素的影响。首先是本国的技术水平，一国的技术水平体现着本国对 FDI 溢出的吸收能力（Mona et al.,1993）；其次是两个国家的技术差距，如果一个国家技术水平与 FDI 溢出国技术水平差距较大，则本国根本无法吸收和创新国外技术（Kokko，1994），但如果 FDI 溢出国的技术与本国技术水平差距较小，而本国又具有一定量的技术积累，那么 FDI 溢出效应则会被充分地吸收（Kokko et al.，1996）。我国学者路江涌（2008）认为，除了上述两个因素外，吸收能力也是影响 FDI 溢出能否促进一国经济增长的因素。傅元海等学者（2010）将 FDI 的集聚水平也纳入该影响因素的范畴之内。对于 FDI 的行业内溢出，除了也普遍受到上述几个因素的影响外，同时也受到行业集中度和企业规模的影响（Dimelis & Sophia，2005；Aitken & Harrison，1999）。

2.1.3 简要评述

由于经济联系的普遍存在性，溢出效应也存在于各类研究对象之中。从目前的研究成果来看，溢出的概念纷繁复杂，主要有经济增长溢出、技术溢出、知识溢出、研发溢出、市场溢出、人力资本溢出、资本溢出、FDI 溢出、环境溢出、服务溢出、GDP 溢出等。目前对环境溢出、服务溢出、市场溢出、人力资本溢出的研究较少，仍处于起步的阶段，而对经济增长溢出、技术溢出、知识溢出、研发溢出、资本溢出、FDI 溢出、GDP 溢出的研究已经非常深入。通过对上述研究的总结发现，对溢出概念的界定并没有形成统一的标准。实际上，在大量的理论和实证研究中，技术溢出、知识溢出、研发溢出往往被混淆在一起，经济增长溢出、GDP 溢出也没有被严格地区分，FDI 溢出与资本溢出往往相伴发生，也很难被加以区分，这就给未来研究带来了极大的不便。但是如果抛开溢出的成因和途径，单纯从溢出的结果来看，区域经济增长是溢出效应最核心的外在表现。因此，本研究以经济增长溢出为研究的对象，这样就避开了概念界定上的麻烦。

2.2 关于溢出的基本关系

2.2.1 溢出与空间距离

Hirschman（1958）认为运输成本和区域间的相互影响是地理空间对各种经济关系影响的主要通道。Keller（2000）研究了溢出与空间距离的关系，认为溢出与空间距离是一种负相关的关系，距离越近，溢出越明显，距离越远，溢出效应越小。安虎森（2002）构建了空间经济的两类模型：世界溢出模型和地方溢出模型，这两类模型从理论上说明了距离对空间溢出的作用。世界溢出模型认为，溢出可以发生在任何地方，并不受地理距离的影响，而地方溢出模型则认为，溢出的发生只能在一定的空间范围内，超出一定的地理范围，溢出效应就会减弱为零。实证分析中，Wallsten（1999）设计了高技术企业空间集聚和溢出验证的测算方法，认为在 0.16km 的范围内，高技术企业间的溢出效应非常明显，而超过 0.8km 则很难观测到溢出效应的存在。Bottazzi 和 Peri（2003）研究了研发溢出的空间扩散范围，认为以溢出中心为圆心，半径 300km 范围内存在溢出效应，超过这个距离则不存在溢出现象。

虽然学者们针对空间距离对溢出效应影响的强弱看法不一，在理论上和实践中也存在实际的差别，但可以肯定的是，空间距离对溢出效应有一定的阻碍作用，距离越近溢出效果越明显，随着距离的增加，溢出效应逐渐减弱。但这也不是绝对的，贸易强度和结构也是影响溢出效应大小的一个重要因素，而且随着互联网的发展和贸易方式的变化，空间距离对溢出效应的阻隔可能会逐渐减弱。

2.2.2 溢出与集聚

关于企业区位集聚现象的原因，先后经历了运输成本说、生产要素流动说等，但是随着网络时代的到来，二者已经不能很好地解释网络化没有带来企业区位分散这一客观事实。最新的研究将这种现象解释为溢出的作用。Schmutzler（1998）认为，一个集团内部交通条件改善后，集聚加强的原因在于经济的外部性，也就是溢出效应。Rosenthal（2001）通过研究发现，技术和知识溢出对企业的集聚有很强的正影响。Bischi（2003）将影响企业空间集聚的溢出分为内部溢出和外部溢出，认为如果企业进出市场非常迅速，那么促进外部溢出的政策将对集聚规模的变化产生决定性影响。

集聚和分散是相对的概念，溢出在带来集聚的同时会造成其他地区的分散。对于不同的产业，溢出作用对集聚的影响也有差异。Ellison 等（2010）认为知识溢出对制造业的集聚不具有明显的促进作用，但是对创新集聚则作用明显。Kolko（2007）则用同样的方法分析知识溢出对服务业集聚的影响，发现服务业的集聚是由知识溢出和基于区级层次上的直接贸易关系促成的，溢出对服务业的集聚影响显著。范剑勇和石灵云（2009）通过对劳动密集型企业、资本密集型企业和高新技术企业知识溢出效应的研究发现，资本密集型企业知识溢出效应无论是在产业内部还是产业之间都较为明显，而高新技术企业产业间的知识溢出效应明显高于产业内部。

实际上，溢出与集聚之间是一种双向互动的关系，溢出效应的发挥能够促使产业的集聚，而集聚又会进一步促进溢出。胡翠和谢世清（2014）实证分析了中国制造业企业集聚所产生的溢出效应，认为上下游制造企业集聚能够有效促进企业生产率的提高,行业间的溢出效应对小规模企业的影响更加明显。韩峰等学者(2014)认为生产性服务业的空间集聚对经济增长具有明显的溢出作用。孙智君和李响(2015)分析了我国文化产业集聚所产生的溢出效应,认为一个地区文化产业的空间集聚会通过市场、劳动力、信息技术、基础设施等的外部性,带动另一个地区文化产业的集聚。

2.2.3 简要评述

传统的经济理论假设经济资源和要素在地理空间分布上是均匀和无差别的,这就忽视了地理空间因素对经济发展的影响。国际贸易理论将距离因素纳入分析的范畴,认为空间距离对经济的影响主要体现在运输成本上,运输成本的差异导致了商品价格上的差别。而在溢出理论中,空间距离的影响已经不再是商品的价格,而是是否存在溢出效应,以及溢出效应的大小问题。一般的看法是,溢出效应是空间距离的减函数,空间距离越大,溢出效应也越不明显。但是像知识、技术、管理等的溢出效应,除了受到空间距离的影响外,还要受到技术距离、经济距离等因素的影响,从而突破了空间距离对溢出效应的影响范畴。

企业或产业的集聚,主要是为了享受集聚所带来的外部经济效应,这种外部经济效应即是溢出效应。溢出对不同产业的集聚效应存在不同的影响。制造业集聚所带来的外部经济效应最明显,溢出效应最大,所以溢出对制造业集聚的影响也最明显。而对于创新部门、技术型企业,由于空间距离对溢出效应的影响较小,所以溢出对该类企业空间集聚的影响也较小。

由于溢出效应的发挥受到空间距离的影响,同时能够产生集聚经济效应,促进区域分工，带来经济的赶超发展，所以在进行溢出分析时要将空间因素纳入分析的范畴。同时在进行溢出效应的影响分析时，要充分考虑由于溢出而产生产业集聚所带来的经济增长的赶超效应。

2.3 经济增长溢出效应

溢出是新经济增长理论的一大特征，也是规模报酬递增的主要来源。Lucas（1988）认为正的溢出效应对经济增长具有重要的促进作用。Griliches（1992）认为如果不存在经济增长的溢出效应，那么经济很可能将会出现负的增长。Bretschger（1999）认为，由于溢出效应的存在，实际的经济增长率要高于均衡增长率。

2.3.1 不同区域范围上的经济增长溢出效应

对经济增长溢出的研究主要包括国家和区域两个层面。在国家层面上，Conley和Ligon（2002）通过分析发现，国家间的经济增长存在很强的关联性，这种关联性源于国际贸易，并导致了经济增长的溢出。Ben-David和Loewy（1998）认为国际贸易带来经济增长溢出的主要原因是贸易所带来的知识和技术溢出，因此，贸易便利化措施会导致国家间经济增长趋于收敛。Beck和Winker（2004）构建了一个多国非均衡模型，评价了德国与其主要贸易伙伴间的溢出和反馈效应，认为贸易溢出不仅可以增加国外的经济增长水平，而且会通过反馈效应对本国的经济增长产生正向溢出效应，贸易国之间是一种双向溢出的关系。Bitzer等（2008）分析了经合组织成员国的行业数据，研究发现所有的国家间都存在后向链接溢出效应。我国学者王铮等（2003）运用蒙代尔-弗莱明模型，对中美两国的研发溢出情形做了统计考察，发现中美两国之间存在明显的研发溢出效应，中国对美国研发投入的溢出响应时间约为4年，美国研发溢出对中国的作用要高于中国对美国的溢出效应。吴静等（2009）建立了中国、美国、日本、欧盟的多国（地区）GDP溢出模型，研究发现，我国增加政府投资不仅可以使我国经济增幅提高，而且有助于其他国家经济的增长，对其他国家具有明显的溢出效应。廖悲雨等（2009）认为中国与亚洲各地区在出口贸易上具有相互依赖的关系，中国的发展能带动其他地区出口贸易的发展，从而形成经济增长上的溢出效应，在整个亚洲形成合理的国际分工体系。胡敏等（2015）构建了多国GDP溢出模型，对中、美、日、俄、欧、印的合作与竞争关系进行了模拟研究，认为中美、中日经济的溢出效应要高于中欧，美国与欧盟、日本间的溢出效应为负。

在区域层面上，也就是一个国家内部各个区域之间经济增长的溢出效应，由于不存在贸易壁垒等因素的影响，地区之间形成了较为合理的产业分工，地区经济增长的溢出主要通过产业关联的形式实现。Forni和Paba（2002）从产业关联的角度分析了意大利工业的产业间溢出效应，认为产业多样化会提高溢出效应，下游产业对上游产业具有溢出效应。Sena（2004）同样分析了意大利工业企业数据，认为高新技术企业在技术上的变动，会影响非高新技术企业的产出变动，从而技术发达地区会对技术落后地区形成有效的增长溢出。Cohen和Paul（2005）计算了美国食品制造业的溢出效应，认为产业集聚会对产业自身、需求方和供给方都产生溢出效应,从而处在产业链不同阶段、分工各异的各个地区就形成了产业合作下的经济增长溢出。

2.3.2 我国区域间经济增长的溢出效应

许多学者还分析了中国区域间的溢出效应。Ying(2000)较早地关注了中国经济增长中区域间的溢出效应,认为中国存在着内核地区对外围地区的空间溢出效应。Brun 等(2002)认为我国沿海地区经济增长溢出明显,且主要是向内陆地区的溢出。Groenewold 等(2007)分析了我国东、中、西三个地区间经济增长的相互关系,认为我国东部地区向中西部地区产生了溢出效应,而中西部地区对东部地区则不具有溢出效应,中部地区对西部地区也产生了溢出效应。王铮等(2003)研究认为我国东、中、西部 GDP 溢出效应明显,其中中部地区的发展具有主要环节的作用。薄文广(2008)通过构造邻省发展水平变量,实证分析了我国区际经济增长溢出效应及其差异,认为我国东部与中部地区之间是一种单向溢出效应,而且是中部地区对东部地区的溢出效应,中西部之间则形成了一种良性的双向互动格局。潘文卿(2012)运用空间计量经济方法分析了我国区域经济发展的空间溢出效应,认为自改革开放以来,区域间的溢出效应有效地带动了我国各个区域经济的增长。李敬等(2014)用网络分析方法和 QAP 方法分析了我国区域经济增长的空间关联特征,将我国区域经济分为四个功能板块,并区分了各个板块在溢出网络中的地位和作用,认为我国经济增长溢出主要表现为东部向中西部地区的溢出,而且这种溢出效应是以中部地区为跳板,而不是东部向西部的直接溢出。

经济增长溢出效应能够有效地促进其他区域经济的发展。这种促进作用不仅体现在增长规模上，更体现在增长率上，经济增长溢出效益对落后地区所带来的增长效应能够有效地缩小与发达地区的差距，促进经济增长的趋同。

2.3.3 简要评述

无论是在国家层面还是在区域层面上，都存在显著的经济增长溢出效应。国家层面的经济增长溢出主要通过国际贸易、对外直接投资、国家间产业的前后向关联、技术研发的扩散等渠道实现，但是受到贸易自由度、贸易强度、空间距离等因素的影响。而区域间经济增长的溢出效应则主要受到产业关联效应的影响，产业多样化程度越高、技术条件越好、产业链条越长，对其他地区的增长溢出效应也越大。而对我国经济增长溢出效应的研究则表明，我国各个地区经济增长之间存在显著的溢出效应，东、中、西三个地区在整个溢出格局中处于不同的位置，东部地区是主要的溢出地区，中部地区既承担着东部向西部地区溢出的通道作用，也与东部和西部地区形成双向的溢出关系，而西部地区则是主要的受益地区。

总结以往的分析我们发现，经济增长的溢出效应具有如下特点：首先，经济增长溢出效应的发挥要在一个开放的经济系统之中。无论是一国内部由于产业关联而产生的经济联系，还是国家间由于贸易往来而产生的经济关联，都是以经济体之间的开放为前提的。而且，随着世界经济一体化和区域经济集团化趋势的发展，国家间经贸往来的障碍越来越少，贸易自由化程度越来越高，经济要素流动越来越频繁，经济的关联性就越来越强，这是我们分析国家间经济增长溢出效应的现实基础，也让我们分析国家间经济增长溢出效应成为一种必要。

其次，经济增长的溢出效应一般是双向的，总溢出效应的正负要看这种双向溢出效应的力量大小对比。如果一个国家或地区对另一个国家或地区的溢出效应大于对方对自己的溢出效应，那么，从总的溢出效应来看，该国家或地区的溢出效应为负值，相反则为正值。但是，总溢出效应为负值，并不代表着这个国家或地区在溢出网络中是一种弱势地位，也不代表着经济增长的溢出使得该国家或地区的经济要素流向其他国家或地区，对该国家或地区的发展带来不利的影响。实际上，就如比较优势理论一样，由于受资源存量、资本存量、劳动力存量、技术水平、管理水平等因素的影响，各个国家的比较优势产业是不同的，经济要素为了实现利益最大化，往往选择流向最适合自己的具有比较优势产业的国家或地区，这样就导致要素在国家或地区之间的转移，这种转移使各国比较优势产业的产品生产成本最低、生产效率最高、产出水平最高、利润最大，最后通过国际或区际贸易，交换各自具有比较优势的产品，从而使得各国或地区获得最大化利益。在这个过程中，部分国家或地区所享受的经济增长溢出的总效应可能为负值，但是在这个正和博弈中，每个国家或地区都发挥了自己的比较优势，获得了利益。并且欠发达的国家或地区往往由于溢出效应的存在而产生追赶优势，获得比发达国家或地区更高的经济增长率，从而带来经济增长的趋同。这就提醒我们，要将经济增长的收敛和趋同纳入经济增长溢出效应效果的分析之中。

2.4 中国与东盟国家的区域关联

2.4.1 中国与东盟国家地缘经济关系

陈锴（2009）认为20世纪70年代随着中美关系步入正常化，依附于美国的主要东盟国家也纷纷调整对华政策，加强与中国的政治和经贸往来，相应地，中国也调整了自己的地缘经济战略，肯定东盟的在促进区域经济发展和贸易往来中的积极作用，迈出了与东盟改善关系的步伐。但是该阶段双方的经贸往来依然维持在较低的水平。张丽君（2006）认为在亚洲金融危机中，中国坚持人民币不贬值，同时力所能及地为东盟国家提供经济支持，避免东盟部分国家被金融危机摧垮，这加深了中国与东盟国家的地缘经济关系。随着中国–东盟自贸区建设的不断深入，中国与东盟国家的地缘经济联系越来越紧密。

程永林（2004）、邱丹阳（2005，2006）按照地缘经济依存度和互补性，将我国的国际开放格局划分为三大圈层。第一圈层：与中国互补性最强，地缘、人文优势条件最佳。范围大体包括大中华经济圈、中国与西欧北美经济圈、中国与东北亚经济圈。第二圈层：与中国互补性次强，地缘、人文优势良好。范围大体包括中国与东南亚经济圈、中国与中亚经济圈、中国与西亚经济圈。第三圈层由于与中国的地缘联系较弱，基本上处于我国对外开放的边缘层。第一和第二圈层无疑是中国对外开放战略的重点地区。东盟国家作为第二圈层的核心地区，是中国对外开放地缘经济空间的重要区域。苏东辉等学者（2013）认为中国与印度尼西亚在资本利用率和利用数量上互补性较强，与泰国在资源转换效率上互补性较强，与越南在资本转换效率和劳动效率上互补性较强，与柬埔寨和缅甸在资源与产品外向流动上互补性较强，与新加坡在劳动效率上互补性较强。

2.4.2 中国与东盟国家产业关联

对中国与东盟国家产业关联的研究主要集中在农业、工业和制造业及服务业三个方面。从农业方面来看，周曙东等学者（2006）认为随着中国－东盟自由贸易区的建立，中国对东盟农产品贸易额激增，并且东盟内部各国的农产品贸易也大幅增加，产生了较大的贸易创造效应。宫同瑶等学者（2012）通过构建一般均衡模型，分析了贸易壁垒对农产品贸易的影响，认为贸易壁垒对我国沿海和内陆地区贸易的影响程度存在差异，越往内陆，这种影响就越小。冯阳（2013）认为中国与东盟国家农产品产业内与产业间贸易并存，显示出竞争性与互补性并存，但互补性大过竞争性，总体上中国农产品竞争力较弱，提升空间较大。

从工业和制造业方面来看，孙林等学者（2011）应用引力模型实证分析了东盟贸易便利化措施对中国－东盟区域制造业产品出口的影响，结果表明东盟贸易便利化措施能有效提升中国与东盟国家的制造贸易水平。韦倩青（2013）认为中国－东盟工业制成品贸易具有零部件贸易比重高的特征，这个特征导致了不同国家的贸易逆差，在这种逆差环境下，中国从贸易中获得贸易利益体现在贸易附加值逐年增加的趋势上。李立民等学者（2014）认为中国与东盟国家的商品贸易结构正向着高层次方向变化，机械及运输设备类商品是贸易主导商品，商品的产业内贸易倾向明显，工业品贸易有进一步扩大的趋势。

在服务业方面，王娟（2008）认为中国和东盟国家在服务贸易方面既存在竞争又有一定的互补性,但是总体来看互补性要强于竞争性,这为中国和东盟国家开展服务贸易奠定了基础。陈秀莲(2011)通过分析认为中国与东盟发达国家在技术密集型服务贸易上产业间互补度最高,在劳动密集型产业内互补度最高;与东盟新、老成员国互补度最高的都是技术密集型服务贸易,但涉及的服务部门不相同;从服务部门看,在保险、专有权与特许经营部门,中国与东盟国家的服务贸易以产业间互补为主;在运输、旅游、金融等部门服务贸易以产业内互补为主。

2.4.3 中国-东盟自由贸易区建设

中国-东盟自由贸易区(CAFTA)是中国与东盟10国建立的自由贸易组织,自2001年开始建设,2010年正式建成。中国-东盟自由贸易区是我国对外商谈的第一自由贸易区,也是发展中国家之间最大的自由贸易区,它的建设对中国与东盟国家区域经济的发展和东亚区域经济一体化的推进具有重大的意义。

邱丹阳(2006)认为,在区域经济一体化的时代背景下,大国通过区域经济一体化,获得快速的发展,并实现崛起,是现阶段大国崛起的必经之路。中国-东盟自贸区是中国与周边国家和地区建立的最为成熟和最具发展潜力的自由贸易区,其发展意义非凡,对中国和东盟国家产生重要的贸易创造效应、产业区位效应、经济趋同效应,同时对区域发展的格局也将产生重要的影响。徐婧(2008)通过研究发现,CAFTA的成立对中国从东盟各国进口具有较大的扩大效应,而对东盟内部各国的影响大小不一。程伟晶等学者(2014)认为中国-东盟自由贸易区的建立有效提升了各国的贸易水平,产生了巨大的贸易创造效应,而贸易转移效应非常微弱,并通过实证得出中国-东盟自贸区建设更加有利于东盟国家的结论。黄新飞等学者（2014）通过分析进一步验证了上述观点，其运用多国贸易引力模型分析了中国与东盟7国及17个主要贸易伙伴国在中国 – 东盟自由贸易区建设下的贸易效应，认为在控制了文化因素、地理特征、制度安排等变量后，CAFTA的建立使得贸易创造效应远高于贸易转移效应。范爱军等学者（2010）通过中国和东盟国家的面板数据检验，发现整个中国 – 东盟自贸区的经济收敛速度明显快于东盟国家，中国 – 东盟自贸区经济趋同速度不断加快，贸易自由化措施促进了中国 – 东盟自贸区的收入均等化水平。余振等学者（2014）构建了国家间比较优势差异条件下的多国FC模型，探讨了中国与东盟区域经济一体化对成员国产业空间布局的影响，中国 – 东盟自由贸易区中越来越多的制造业向中国集中，区域一体化重塑了产业空间布局。陶岸君等学者（2010）分析了中国 – 东盟自由贸易区的建立对我国区域发展格局的影响，认为自贸区的建立对我国西南边境的广西、云南两省区产生了重要的影响，但是由于两省区与东盟接壤国家发展阶段近似，在整体上形成了竞争大于合作的态势。

2.4.4　简要评述

随着中国 – 东盟自由贸易区的建成和升级版的打造，对中国和东盟国家经济关系的研究越来越丰富。作为中国提出的"21世纪海上丝绸之路"倡议的最重要一环，东盟成为我国今后发展对外经济关系的核心地区之一，今后对它的研究也将更加广泛和深入。

已有研究主要集中在中国与东盟国家的地缘经济关系，地缘关联强度，产业互补性与竞争性，自由贸易区建设的贸易创造效应、经济趋同效应、产业区位效应等方面，但是并没有从总体上分析中国和东盟国家经济增长空间关联网络的演变趋势，也没有分析中国和东盟国家由于空间关联网络的存在而产生的经济增长溢出效应。因此，在更高的层面深入分析中国和东盟国家经济增长的空间关联和溢出效应，进而形成一个一以贯之的逻辑分析框架，是今后研究的一个方向。本书拟在总结前人研究的基础上，构建跨国经济增长溢出的一般理论，并实证分析中国和东盟国家经济增长的空间关联网络演变特征，以及经济增长的溢出效应及其影响。

第三章　经济增长跨国溢出的理论问题研究

　　经济增长溢出是伴随经济增长全过程的，所以对经济增长溢出的解释从传统经济增长理论中即可窥见。传统经济增长理论并没有直接对经济增长溢出的描述，但无论是均衡增长的大推进理论，还是非均衡增长的不平衡增长理论、循环累积因果理论、中心-外围理论等，在提出刺激经济增长的策略时，其理论依据均是经济要素之间的关联性，这种关联性实质上就是增长溢出的基本路径。

　　在马歇尔提出外部经济概念以解释产业集聚现象后，增长溢出概念进入研究者的视野。经济增长溢出来源于经济关联，新经济地理学将这种关联分为了以商品和服务的生产及运输为传导渠道的 E- 关联和以知识传播为主要传导渠道的 K- 关联。经济增长通过商品贸易、资本流动、劳动力流动、技术要素流动等多种渠道对其他区域的经济增长产生溢出效应。

　　当经济增长跨越一个国家界限，对其他国家产生影响后，增长的溢出也跨越国界，影响甚至达到全球范围。经济增长的跨国溢出既遵循一般的溢出机理，又呈现出其独有的特点。输出基础理论将宏观经济变量与国外因素引入一国经济增长的分析当中，从而构建起了国内-国外互为一体的增长关联机制，这种关联是通过工业化国家因输出基础部门产品贸易而产生的溢出效应来实现的。除商品贸易能产生经济增长的跨国溢出外，劳动力、资本、技术的跨国流动也会带来经济增长的跨国溢出。但与一国内部因要素流动带来经济增长溢出不同，经济增长的跨国溢出受到两国政治制度、文化观念、风俗习惯、发展水平、一体化程度等的影响，在要素流动上存在更大的障碍，探讨不同要素流动程度下的溢出效应具有重要的意义。

经济增长跨国溢出的度量方法较多，基于传统宏观经济模型的Mundell-Fleming模型方法是较为常用的方法之一，该方法通过构建多国增长关联模型，将他国经济增长纳入本国增长模型，形成多国协同增长的联立模型，运用计量回归的方法，核算增长溢出效应。国际投入产出法是衡量经济增长跨国溢出较为精确的方法，但是该方法对数据要求极高，在现实中使用难度较大。近年来兴起的空间计量经济方法是衡量经济增长跨国溢出的常用方法之一，该方法将空间关联性纳入分析的模型当中，将国家间产出的相互影响、增长要素的相互影响均作为溢出分析的对象，在实际运用中难度较小，成为分析经济增长跨国溢出的重要方法。

3.1 传统增长理论对经济增长溢出的解释

3.1.1 大推进理论

大推进理论是由英国发展经济学家罗森斯坦·罗丹于1943年提出的，并且于1957年对该理论进行了进一步的注解和补充，从而成为该理论的创造者。该理论被认为是均衡增长理论的代表。均衡增长理论认为，在充分自由化的市场条件下，各个地区由于资源要素差异而形成的发展差距，会吸引各类要素向回报率高的地区流动，直到所有地区的要素回报率一致，从而各个地区发展的差距将不复存在，最终实现所有地区的均衡发展。大推进理论的核心思想是：由于要素自由流动的存在，为了促进经济增长而采取的一系列措施必须在所有地区同步进行，因为小范围的经济刺激，虽然在短期内可以加快该地区的发展，但是在长期会由于要素的流动而完全稀释掉小范围刺激所产生的增长效果。该理论最经典的三个理论成果如下。

第一，生产函数的不可分性。是指要生产一定数量的产品必须有适当比例的要素投入。以资本为例，在社会生产的过程中，资本要素的投入具有过程上的不可分性和时序上的不可逆性，这就要求资本存量要保持一个合理适当的比例，而发展中国家往往不具有维持这个比例的资本能力，因此，要通过资本的投入来促进经济的增长，必须按照资本投入的顺序，只有资本存量达到一定的额度，资本结构达到一定比例，才能实现资本投入的增加，带来经济的增长。

第二，需求的不可分性。由于产业之间的前向联系和后向联系，使得各个产业在国家内部形成一个复杂的关联网络，这样各个产业既是产品和要素的提供方，又是市场的提供方，也是其他产业产品的需求方，对应于产业的关联网络，整个社会也形成了一个错落有致的需求网络，因此，通过经济刺激政策来促进经济增长，就要全面考虑网络中的每一个节点，要做到这一点，就必须使各产业的刺激具有均衡性，且达到一定的规模。

第三，储蓄供给的不可分性。发展中国家经济发展最为缺乏的就是资本，而资本的来源很大一部分是居民的储蓄。面对相对低下的储蓄率，发展中国家根本无法筹集能够促进经济发展的资本，甚至连最小临界规模的资本规模都无法达到。要打破这个缺口，就必须提高社会储蓄率，使得该储蓄率要大于平均的储蓄率，从而为经济的增长积累必要的投资。

从该理论的核心思想我们可以看出，实际上大推进理论将整个社会看成一个联系非常紧密的整体，这个整体中的某一部分出现问题，将会影响到整个社会的经济增长。这个思想实际上就是经济增长中的经济关联问题和溢出问题，外部经济效应是产生上述三个不可分性的主要来源。

3.1.2 不平衡增长理论

不平衡增长理论是由美国经济学家赫希曼于 1958 年提出的。赫希曼深入分析了经济增长在空间上的传递规律，从产业关联的角度阐述了主导产业发展对其他产业的带动作用，从而分析了拥有主导产业的地区如何通过产业关联带动其他地区的经济增长。赫希曼认为，发展中国家最为稀缺的资源就是资本，如何提高资本的利用效率是发展中国家应该首先考虑的问题。

不平衡增长理论认为发展中国家的发展道路是一条"不均衡的链条"。在这个链条上存在着主导产业部门和非主导产业部门，主导产业部门具有先天的发展优势：技术条件好、资本利用率高、产出率高、产品市场前景好、发展带动作用大等。发展中国家要实现国内经济的快速发展，首先要将有限的资本优先使用到主导产业的发展中。而社会基础设施建设等非生产性的投资则应该被放在其后。通过对这些产业关联性和带动性较强的产业和部门的投资，促进这些产业部门的快速发展，从而带动产业链条的上游和下游产业的发展。

赫希曼的不平衡增长理论提出了连锁效应的概念，该效应主要包括三个方面。

第一，前向关联。是指为主导产业提供原料、配件、设备等产品的产业，在产业链条上处在主导产业的前部；

第二，后向关联。是指消费主导产业所生产产品的产业部门，在产业链条上处在主导产业的下游；

第三，旁侧关联。是指既不为主导产业提供原料设备，又不消费主导产业所生产产品，而是为主导产业提供各种生产服务的产业部门。

通过这三个关联效应，主导产业可以带动产业链条上，以及不处在产业链条上，但是为主导产业提供服务的产业部门的发展。

同时赫希曼提出了扩散效应和极化效应的概念。他认为一个国家中的发达地区和落后地区的经济关联就是通过扩散效应和极化效应来实现的。极化效应是指对落后地区经济要素的虹吸作用，是由于发达地区较高的要素收益和优越的社会生活环境，而吸引落后地区的人口和经济要素向发达地区集聚，该效应的发挥，最终会导致社会发展的不平衡；扩散效应是指，由于产业关联效应的存在，发达地区产业的发展会给处于落后地区的产业带来发展的机遇，从而使得发达地区的发展成果被落后地区所分享，该效应的发挥，能够促进落后地区的发展，从而缩小落后地区与发达地区的发展水平。

3.1.3 循环累积因果理论

循环累积因果理论由瑞典经济学家缪尔达尔提出。缪尔达尔用扩散效应和回流效应来解释社会中存在发达地区和落后地区的现象。回流效应是指，劳动力、资本等生产要素向发达地区集中的现象，这种现象的发生是由于要素回报率的差异。在回流效应发生时，落后地区的经济资源被发达地区所吸收，这给落后地区的发展带来了极大的不利，使得落后地区与发达地区的发展差距进一步被扩大。但是缪尔达尔认为，回流效应的发生不是无限制的，当发达地区发展到一定的程度之后，要素成本会急剧上升，企业的生产成本也会不断提高。企业在权衡收益与成本之后，会选择向落后地区转移，相对应地，各类经济要素也开始向落后地区流动，这就是扩散效应。但是总体来看，回流效应要大于扩散效应。

发达地区在回流效应的作用下，其经济增长的速度要高于落后地区，并且在不断累积有利于自身发展的各种因素，使得其经济增长有一种自我加强的机制，在这种机制下，发达地区形成了内部的规模经济效应和溢出效应，这样发达地区就形成了一种自我强化的正向循环过程，发展速度会越来越快。而落后地区则正好相反，在回流效应的作用下，其有限的经济要素被发达地区所吸收，其经济发展的内外部环境更加趋向恶化，这更不利于其他地区经济要素向该地区的集中，从而使其发展的速度越来越慢。最终发达地区和落后地区会形成地理上的二元结构。因此在经济发展政策上，缪尔达尔认为首先要刺激发达地区经济的发展，在发达地区经济发展达到一定的水平之后，再通过经济刺激政策和转移支付政策，使落后地区能够享受到发达地区经济发展所带来的成果。

3.1.4 中心-外围理论

从中心-外围理论的名称可知，该理论是针对两个区域类型关系的理论，是对两个区域在空间上的地位和作用的描述。因此，中心-外围具有多个规模类别，如全球性、国家级、区域级、省级等。

中心是指处于经济发展核心区的地区，其经济发展水平高，技术积累丰富，创新能力强大；外围是指处在经济发展边缘区的地区，相对中心区，其经济发展水平较低，技术层次不高，创新能力不强。可见，中心和外围共同构成了一个区域经济系统，是一种引领性和依附性的结合。

最早研究中心－外围模型的经济学家是弗里德曼。他从创新出发，认为创新不仅包括技术创新，还应该包括组织创新、管理创新和制度创新等。他认为创新总是发源于某些变革中心，再由这些变革中心向周围地区扩散，这样就形成了周围地区对这些变革中心的依附关系，久而久之就形成了中心－外围的空间结构。

弗里德曼（1972）将区域经济发展划分为四个阶段：前工业化阶段、中心－外围Ⅰ阶段、中心－外围Ⅱ阶段、空间一体化阶段，如表3-1所示。

表3-1 不同发展阶段的要素流动与经济特征

	前工业化阶段	中心－外围Ⅰ阶段	中心－外围Ⅱ阶段	空间一体化阶段
要素流动	微弱	各类要素向中心集聚	要素开始向外围流动	要素在整个区域自由流动
经济特征	已存在若干中心，但各个中心处于独立发展阶段	少数中心区域开始迅速发展	外围地区开始享受中心区的扩散效应，并出现小的中心	形成了大－中－小三类中心并存城镇体系

弗里德曼除了认为创新是产生中心－外围关系的核心原因之外，还引入了社会、政治因素来解释该现象。他认为中心地区通过优势效应、信息效应、心理效应、现代化效应、联动效应、生产效应等效应来强化自身的经济发展，但是他也认为中心地区对外围地区的发展优势并不是一成不变的，在中心地区的

发展过程中，中心地区会与外围地区产生各种矛盾，外围地区的精英会不断地为自身利益的发展而向中心地区提出各种发展要求，最终使得中心地区实现妥协，从而实现中心和外围地区在空间上的一体化发展。

3.1.5 小结

对于经济增长溢出的研究开始于早期的区域经济发展理论，主要包括均衡发展理论和非均衡发展理论。均衡发展理论的代表是罗森斯坦·罗丹的大推进理论，而非均衡发展理论则主要包括不平衡增长理论、循环累积因果理论和中心－外围理论。这些理论都直接或者间接地提到了经济增长的溢出效应、大推进理论的三种不可分性、不平衡增长理论的前后向关联、循环累积因果理论的扩散效应和回流效应、中心－外围理论的创新扩散效应，这些都是经济增长溢出的渠道和途径，这些理论总结了经济增长溢出所导致的结果，并提出了导致溢出产生的原因，这为今后经济增长溢出理论的发展奠定了基础。

3.2 经济增长溢出的理论解释

3.2.1 经济增长溢出的来源

3.2.1.1 集聚经济效应

在早期的发展经济学理论中，佩鲁（1950）的增长极理论认为经济的增长是一种非均衡的现象，增长往往首先出现在部分地区，而后通过各种途径向周围扩散，这个首先实现增长的地区就是增长极。其后的布代维尔（1966）进一步发展了佩鲁的理论，认为增长极不仅是经济空间上的极化点，更是地理空间上的极化点。增长极理论这种非均衡的发展思想正体现了地区间经济增长的溢出关系，增长极通过自身发展的溢出带动周围地区经济的增长。

同样作为早期的发展经济学家，缪尔达尔（1957）提出了循环累积因果关系理论，在这个理论中，缪尔达尔首次提出了扩散效应和回流效应两个概念。扩散效应指的是，随着中心区的发展，其内部要素无法满足自身的市场需求，而需要大量外围区的原材料、人力资源来弥补市场供给的不足，从而带动外围区域经济的发展，同时随着商品和要素的流动，中心区的技术、知识等无形资本扩散到外围地区，这也有利于外围地区的经济增长；回流效应是指，由于中心区有更大的市场规模和更高的要素报酬，因此，其吸引外围区的资本、劳动力、自然资源等经济要素向中心区集中，从而加大中心区与外围区域经济发展的差距。无论是极化效应还是回流效应，都是溢出效应的一种。当扩散效应大于回流效应时，中心区表现出一种正向的溢出效应，当回流效应大于扩散效应时，中心区则表现出一种负向的溢出效应。然而在实际的经济增长过程中，回流效应总是先于扩散效应，在早期的经济增长中，回流效应往往大于扩散效应，而只有当中心区的经济增长达到一定程度后，扩散效应才会逐渐增大，最终当中心区与外围区要素收益相等后，两种效应实现均衡。

而新古典贸易理论则认为，一个地区的经济活动类型决定于其要素的禀赋状况，在某种要素集中分布的地区，相关经济活动会产生集聚现象，这种集聚产生的原因主要是基于成本的考量。劳动力密集的地区往往会集聚劳动密集型产业，而资本密集的地区则往往会集聚资本密集型产业，资源密集型地区则集聚着大量依托资源而生的产业。总之，无论哪种类型的产业集聚，都是为了获得更低的成本。

马歇尔最早提出了外部经济的概念，用以解释产业集聚现象产生的原因。他认为当特定产业在特定地区集聚时，就会形成专业化的劳动力市场，为减少企业雇佣和培养劳动力的成本，同时也减少了劳动力的流动成本；大量的企业集中在一起，增加了对中间产品和相关配套产品的需求，各类中间产品生产商和配套产品的供应商向产业集聚区集中，这样就形成了日益完善的产业关联网络，而在这个网络中，各类企业都可以获得集聚利益；同类产业在空间上的集聚，增加了企业间关于产品、设计、技术、经验等的交流和沟通，形成了整个产业的创新体系，有利于整个产业的发展。由此可见，外部经济是企业集聚的原因，而企业集聚的结果是互相获得经济的溢出效应。

克鲁格曼（1991）用本地市场效应、价格指数效应和市场拥挤效应三者力量的角逐来解释集聚现象。本地市场效应和价格指数效应是集聚力的来源，而市场拥挤效应则是分散力的来源。当集聚力大于分散力时，表现为集聚；而当分散力大于集聚力时，则表现为扩散。无论集聚还是扩散，都是经济增长溢出的表现。

3.2.1.2 区域经济关联

分工带来了劳动生产率的提升，是经济增长与发展的重要源泉。合理的分工能够有效提升区域竞争力，促进区域生产的创新，推进区域市场制度的完善。但是高度的分工，降低了区域满足自身所有需求的能力，这样，就要求区域之间进行商品和要素的流通，这种流通就是区域经济关联的来源。新经济地理学将经济关联分为两类：$E-$关联和$K-$关联（颜银根 等，2014）。

$E-$关联是传统的经济关联，主要通过商品或者服务的生产以及运输来传导。区域间劳动力的流动会带来相应消费的转移，流入区总体消费水平提高，而流出区总体消费水平降低，相应地，流入区的市场需求规模就会增加，而流出区市场需求规模减小。市场需求规模的变化，会带来厂商区位改变，部分厂商为了获得更大的商品市场而转向到劳动力流入区布局，这为当地厂商带来了规模经济效益，这就形成了"需求关联效应"。此外，由于各类厂商向劳动力流入区集中，提高了流入区商品的多样化程度，使得流入区商品的总体价格指数降低，形成了消费品价格的"成本关联效应"。由于"成本关联效应"的存在，会吸引更多的劳动力向该地区集中，所以会进一步强化"需求关联效应"，这样就形成了"成本关联效应"与"需求关联效应"之间的循环累积因果关系。这说明只要分工存在，要素和商品在区域间的流动就不会停止，经济空间就存在广泛的关联性，各个地区之间就会享受到其他地区经济增长带来的溢出，也就是溢出效应。

$K-$关联是通过区域间知识的传导和溢出而产生的经济关联。与$E-$关联不同，$K-$关联是一种知识溢出的关联，主要表现为技术溢出对经济增长的影响。在新经济地理学的框架下，有关技术溢出对区域经济增长影响的研究有局部和全域溢出模型两种。这两种模型描述了不同贸易自由化程度下，区域经济增长的速度。较高的自由化程度，对应了较高的区域经济协同增长水平，而较低的自由化程度，则对应了较低的区域经济增长速度，当自由化程度适中时，区域之间形成明显的核心－边缘结构。由于区域之间存在着$K-$关联，一个地区经济的增长也必然会对其他地区经济的增长带来影响，这就是由于$K-$关联而产生的增长溢出。

3.2.2 经济增长溢出机制

3.2.2.1 商品贸易的增长溢出机制

区域之间商品贸易的动力来源于区际分工。在一个国家或区域中，自然资源要素在空间上是不均衡分布的，而且由于历史原因，人们利用自然资源的能力和技术水平也是存在差异的，这两种原因导致了区域经济发展的不平衡，前者是外生因素导致的，而后者则是内生因素所致。根据比较优势原理，各个地区会按照自身的比较优势安排生产活动，从而在国家或地区内部形成劳动地域分工。由于受到资源和技术条件的限制，各个地区无法生产出其生产生活所需要的所有产品，而只是在具有比较优势的产品上进行专业化的生产，这样就导致了其他产品在该地区的严重短缺，该地区如果要消费其他产品，就必须与其他地区进行产品贸易，通过贸易的方式弥补自身产品的短缺，同时也将自身所生产的专业化产品销售到其他地区，这样本地区的产品就成为其他地区生产生活的投入品或消费品，而其他地区的产品也成为本地区的投入品或最终消费品，各个地区之间就形成了紧密的投入产出关系。正是这种关系的存在，使得各个地区通过商品贸易的形式，把一个地区的经济增长与另外一个地区的经济增长联系成了一个整体。这种通过贸易的形式满足两个地区消费和生产需要的方式有一种自我强化的内在机制，会进一步增强区域分工，强化各个地区的专业化生产，从而进一步的提高各个地区的生产能力，带动经济的增长，增进各个区域的福利水平。所以，区际分工带来了商品贸易，而商品贸易的发展又促进区际分工向着更深层次的领域发展，形成了商品贸易和区际分工的互动过程。

区域之间的商品贸易也是扩散效应和回流效应的有效载体。发达地区通过商品贸易的形式获得了落后地区的产品市场,而落后地区则在贸易中获得了自身发展所需要的各类商品,特别是中间投入类商品的贸易对欠发达地区的发展具有重要的积极作用,欠发达地区发展中所紧缺的正是从发达地区交换过来且自身无法生产的机器、设备等产品,这就是回流效应所产生的增长利益。发达地区在同落后地区进行贸易的过程中,自身的发展空间得到了进一步的拓展,在一定程度上也带来了发达地区内部规模经济的外部化。另外,商品贸易往往附带着知识、技术、管理等的溢出,繁荣的商品贸易是区域间的一种无形技术交流,对提高整个国家或地区的技术水平具有重要的作用,成为区域经济发展的动力。

以上是从供给的视角分析了商品贸易对区域经济增长溢出的影响机制。从需求的视角来看,区际商品贸易是其他地区对本地区产品的一种外部需求,这种外部需求刺激了本地区产品的专业化生产,带来了本地区的经济增长,这种增长是通过乘数效应而实现的。在多个地区中,产品之间的相互需求是非常复杂的,这种相互需求关系会产生区域之间的相互拉动作用,特别是处在产业链上下游的地区,会通过前向关联和后向关联的效应,实现区域经济之间经济增长的强力关联。这也是区域经济增长溢出的主要原因之一。

3.2.2.2 资本流动的增长溢出机制

1. 资本流动的原因

新古典经济理论认为,无论是个人还是厂商,其经济行为的唯一准则是:追求利益最大化。对于资本来说,其流动的唯一准则就是追求利润率的最大化。那么区域间资本流动的原因就是投资利润率的差异。一般的规律是,资本从利润率低的地区流向利润率高的地区。

资本流动的形式取决于资本的形态。作为生产要素的资本，在形态上分为实物资本和货币资本，这两者在流动性上存在巨大的差异。与土地相联系的厂房、不可移动的设备等实物资本是不可流动的，这种不可流动的资本如果要实现区域转移，就必须付出非常高的转换成本，或者通过折旧的方式实现区域转移，但是这种转移则需要付出非常高的时间成本。即便现存企业进行迁移，一般也不是考虑在其他区域有更好的机会，更多的是由于现有区位条件难以满足需要所引起的。然而新购置的实物资本和货币资本的跨区域流动则相对较为容易，但是同样受到一系列条件的制约。比如，投资惯性等。

在新古典理论框架下，由于资本跨区域流动的目标是追求投资收益率最大化，所以当两个区域之间资本的边际收益率相等时，资本的流动就会停止。假设初始状态的区域1资本存量较大，边际收益率较低，区域2资本存量较小，边际收益率较高，在收益最大化的目标驱使下，区域1的资本不断向区域2流动，直到两个区域资本的边际收益率相等，此时，区域1的资本存量减少，而区域2的资本存量增加，这个增加和减少的量取决于两个区域之间资本边际收益率的差异。

与新古典理论不同，新经济地理学理论对资本的跨区域流动给出了其他更符合实际的解释。在新经济地理学理论中，本地市场效应、价格指数效应和市场拥挤效应是决定厂商区位选择和要素流动的力量。对于一般的企业而言，生产区位倾向于选择市场规模较大的区域，因为较大的市场规模意味着较低的平均生产成本和更高的投资利润率。当企业向市场规模较大的区域集中时，会形成一种强大的吸引力，这种吸引力会形成资本集中的自我强化机制，从而带来源源不断的资本流入。而当市场拥挤效应出现时，处于产业链低端、附加值较低、污染严重的企业就会迁出，而技术含量高、附加值高、环境友好的企业则会由于发展空间的增大而出现收益率的提升，最终的结果是区域间的资本投资收益率实现均衡。

2. 资本流动与区域经济增长

根据新古典理论，跨区域资本流动使得资本流出区与流入区的资本边际收益率相等，流出区由于资本外流而产生收缩效应，流入区则享受资本集聚带来的扩张效应，资本流动最终的均衡结果是流入区利润率降低而流出区利润率提高，最终实现两个区域增长率的相等。但是实际上，我们观察到的资本跨区域流动的结果是资本源源不断地向流入区集聚，资本流入区的经济增长与流出区的经济增长差距越来越大。

新经济地理理论认为，市场开放度对资本跨区域流动的结果产生重要的影响，在高度开放的市场环境下，资本跨区域流动而产生的市场接近效应和拥挤效应都会有所减弱，然而拥挤效应减弱的速度要快于市场接近效应，所以资本会源源不断地向流入区集中，这样就导致两个区域之间越来越向核心－边缘结构状态发展，这是一种在无外力作用下的内生非均衡状态。但是资本的流向也不是确定不变的，而是随着市场开放度的变化而发生改变。当商品市场开放度低而资本市场开放度高时，资本从发达地区流向欠发达地区，而商品流动充分自由时，欠发达地区反而成为资本输出者，资本更多地流向发达地区。

因此，资本流动无疑能够促进区域经济的增长，但是对流入区和流出区经济增长的影响受到市场开放程度的影响。

3.2.2.3 劳动力流动的增长溢出机制

1.劳动力流动的原因

对于区域间劳动力流动的原因，一般的规律是，如果劳动力对所在区域综合社会条件越不满足，而对目标区域综合社会条件越向往，则劳动力流动的可能性越大。通常我们认为，工资水平、劳动强度、社会福利水平等是影响劳动力跨区域流动的最主要因素。但是在一般的经济理论中，则更多的是把工资水平作为影响劳动力跨区域流动的决定因素，两个区域间工资水平差异越大，则劳动力流动的可能性越大。

莱文斯坦通过经验研究认为，距离在劳动力的跨区域流动中具有重要的影响。他认为区域1和2之间劳动力流动强度与两个区域的人口数量成正比，而与两个区域之间的距离成反比。满足如下公式：

$$M_{12} = k\frac{P_1 P_2}{D_{12}} \quad (3-1)$$

其中：M_{12}为区域1和2之间劳动力流动强度；P_1和P_2分别表示区域1和2的劳动力数量；D_{12}表示区域1和2之间的空间距离；k为引力常数。

洛里（1966）则将区域间劳动力流动的原因纳入模型分析中来，认为工资水平和失业水平是影响劳动力流动的主要原因。其模型公式为

$$M_{12} = f\left(\frac{U_1}{U_2}, \frac{W_2}{W_1}, \frac{L_1 L_2}{D_{12}}\right) M_{12} = \pi \quad (3-2)$$

其中：M_{12}为区域1和2之间劳动力流动强度；U代表非农部门失业比例；W代表工业部门的工资水平；L代表非农部门潜在就业人口数；D_{12}表示区域1和2

之间的空间距离。

洛里认为劳动力的跨区域流动是从失业率高和工资水平低的区域流向失业率低和工资水平高的区域，最终两个区域之间的失业率差异和工资水平差异消失时，就实现了长期的人口均衡。

洛里的模型虽然同时考虑了劳动力跨区域流动的原因和距离因素，但是他把距离定义为空间直线距离，而实际上，影响劳动力跨区域流动的距离除了空间距离的意思外，经济距离和文化距离等也是需要考虑的因素。

2. 劳动力流动与区域经济增长

在新古典理论的严格假定下，当两个区域间工资水平存在差异时，劳动力会产生流动。流动方向是从工资水平低的区域流向工资水平高的区域，这种流动会一直持续下去，直到两个地区的工资水平相等，劳动力的流动停止。这种流动对劳动力流入区域产生巨大的扩张效应，而对流出区域则产生相应的收缩效应。

在严格的假定下，可以推导出新古典模型中劳动力流动对区域经济增长的作用。然而，一旦放松这个假设，或者再引入新的假设，那么这种作用则会发生巨大的变化。如果劳动力流入区域由于人口的增加而产生规模效应，那么劳动力流入区形成的经济扩张效应就会大于劳动力流出区域的经济收缩效应，其结果就是人口进一步向流入区集中，而流入区和流出区之间的收入差距会越来越大。由于"锁定"效应的存在，可能使得这种人口流动变成一种常态，而流动的人口则又以青壮年劳动力为主，这样就会增大劳动力流入区的发展潜力，而使得劳动力流出区域的劳动供给条件不断恶化。这种循环累积的结果就是，劳动力流出区域不仅失去了经济增长所依赖的劳动力因素，而且也逐渐失去了对资本的吸引力，从而使得区域发展的潜力被完全耗尽。

当然，劳动力的流入并非在任何情况下都会对流入区带来规模效应。如前文所述，如果劳动力的流入超出了流入地所具备的吸纳能力，那么就会产生"拥挤效应"，给当地的基础设施、公共服务等带来巨大的压力，就如部分大城市发展到一定阶段出现的"城市病"一样，人口的流入给城市带来了巨大的负担。这样劳动力流入区的经济增长和人均收入水平都会出现下降的现象。

跨区域的劳动力流动对流入区和流出区经济增长和人均收入水平都会产生重要的影响，而且这种影响是一种相互联动、关联的关系。

3.2.2.4 技术要素流动的增长溢出机制

除了商品、劳动力和资本流动之外，技术要素的流动对区域经济增长的空间关联和溢出效应也具有重要的影响。技术要素的流动实际上就是技术知识的扩散或创新扩散的一个过程。

1. 技术要素流动的原因与特点

区域技术知识的形成过程大致经历了发明、创新、扩散三个不断递进的阶段，技术要素的流动与技术知识的扩散是一个时空的过程。

一个区域的技术知识水平取决于自身的技术知识积累和其他区域的技术溢出水平。区域技术知识的扩散与流动受到流出区扩散意愿和流入区接受意愿与能力的影响，同时信息流通渠道的通畅性也会影响区域技术知识的扩散。

从时间维度来看，新技术知识的掌握者在开始时是缺乏技术知识的扩散意愿的，因为保有新的技术知识能够给拥有者带来极大的差额利润。但是随着时间的推移，一方面新的技术知识所产生的差额利润会因为市场的饱和而逐渐降低；另一方面通过新技术知识而生产的产品会不断地被其他地区和机构逆向模仿，从而降低新技术知识的边际收益率，所以从长期来看，技术知识的转移和流动是有利可图的。概括起来看，技术知识的流动和扩散并不是坦途一片的，存在着较多的流动障碍。因此，技术知识的扩散在空间上表现出不均衡的状态。

根据技术知识扩散的空间路径，可以将其分为波浪式扩散、辐射型扩散和等级式扩散。波浪式扩散是一种相邻扩散，技术知识按照空间距离的远近进行扩散；辐射型扩散是按照联络路径的扩散，依赖于技术知识传播的渠道；等级式扩散顾名思义是根据区域等级来进行的技术知识扩散。技术知识的扩散究竟采用哪种形式，取决于区域经济发展水平、创新类型和区域等级。

当一个新的技术知识产生以后，首先通过技术转让，在世界范围内不断扩散。如图3-1所示，新的技术知识从发明中心，以等级式扩散原则，首先在另外一个国家的最高中心地落地，然后再通过国内的等级体系，不断在次级中心地之间进行扩散，再次级中心地在上级中心地接受扩散之前，很难越级接受技术的扩散。在地区层面上，新技术知识的扩散则根据技术知识的特点表现出不同的特征，既存在依据空间距离而产生的波浪式扩散，也存在沿联络路径而产生的辐射式扩散。

国际层面

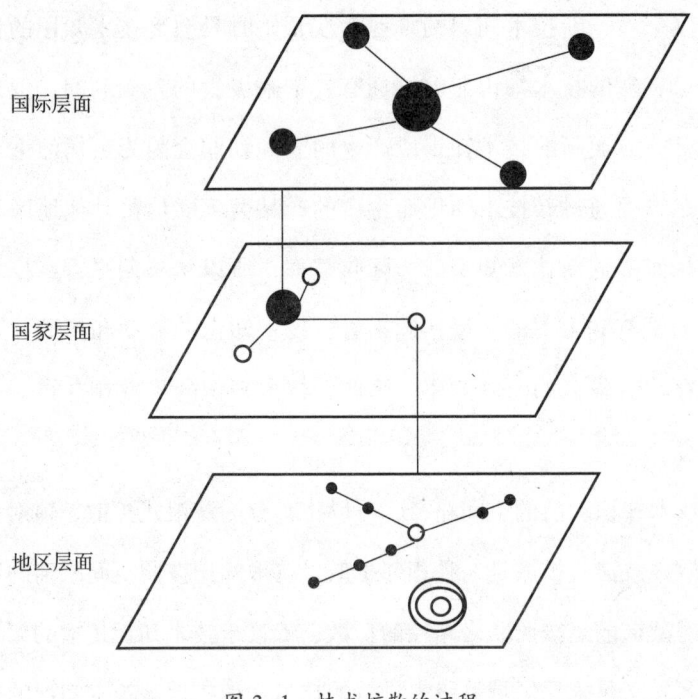

国家层面

地区层面

图 3-1 技术扩散的过程

2. 技术要素流动与区域经济增长

技术知识要素的流动对其区域经济增长的作用机制与劳动力和资本流动存在着本质上的差别。劳动力和资本要素的流动是一种非此即彼的状态，即不在流入区就在流出区，不可能同时出现在两个区域，而技术知识要素的流动则不存在这个特点，一个区域技术知识的输出并不影响本区域对该技术知识的掌握，新的技术知识可以运用到多个空间单元。以两区域模型为例，技术知识要素的流出，并没有改变流出区域的知识存量，在短期内不会对流出区域产生实质性影响；相反地，由于技术知识流出而产生的转让费用会在短期内给流出区域带来一定的收益，促进流出区域经济的增长。而长期来看，由于技术知识流入区域接受了流出区域的新技术和知识，从而增强了本地的市场竞争力，这就与技术知识输出区形成了激烈的竞争，从而不利于技术知识输出区域的经济增长。这与新古典经济增长理论的观点一致。

新古典经济增长理论将技术进步视为经济增长的源泉，而且认为落后地区通过吸收发达地区的技术知识转移可以实现赶超发展，缩小地区经济增长的差异，但是这种赶超发展受到两个条件的制约：一是社会能力，也就是落后地区有利于技术知识吸收和扩散的各种社会因素；二是技术一致性，即对流入的技术知识的运用能力。如果落后地区具备良好的社会能力，同时也能够较好地掌握新技术知识，那么就会大幅度降低落后地区技术创新的成本，提高其技术研发水平，从而实现对发达地区的赶超，促进区域经济收敛。

3.3 经济增长跨国溢出理论

随着世界经济一体化进程的不断推进，分工在世界范围内不断深化，各国的专业化生产能力不断加强，自由贸易所带来的利益使世界上几乎所有国家和地区都开放了国内市场，积极融入自由贸易的大潮流中。在这样的时代背景下，整个世界经济形成了一个错综复杂的经济网络，每个国家都能够从这个网络中获得其他国家经济增长的溢出效应。

3.3.1 经济增长跨国溢出的特点

经济增长跨国溢出与一个国家内部经济增长的溢出既具有一定的相似性，又有自身的特点。

第一，经济增长跨国溢出的范围更广。经济活动的关联性是溢出效应的前提。进入 21 世纪以后，经济全球化和区域经济一体化的概念更加深入人心，在世界范围内经济一体化组织和各种类型的跨国经济合作组织、次区域合作组织不断涌现，其主要的目的就是要加强国家间的经济和贸易往来，从而享受到经济全球化所带来的利益。因此与一个国家内部经济增长溢出的范围不同，经济增长的跨国溢出范围更广并且更加灵活，包括经济体之间、经济组织之间、国家之间、地区之间、国家和地区之间等。

第二，经济增长跨国溢出的难度更大。国家之间的关系与一国内部的关系不同，其经济往来的难度更大，壁垒更多。国家之间的要素流动受到两个国家间政治关系的影响，并且出于保护本国产业的目的，很多国家对产品的进口进行了严格的限制，有的还设置有很高的关税水平，这严重影响了经济增长跨国溢出效应的发挥。并且国家之间在空间距离上一般要比国内远得多，高昂的运输成本也成为国家间经贸往来的阻碍。出于国家安全的考虑，许多发达国家严格限制高科技产品、涉及国家机密的产品等重要商品的出口，这也不利于经济增长溢出效应的发挥。

第三，经济增长跨国溢出的途径相对单一。一国内部经济增长的溢出，可以通过商品的国内贸易、技术的交流、知识溢出、投资等方式来实现，而经济增长的跨国溢出效应则多数以商品贸易和投资的方式来实现。因为一个国家为了保护本国产业的发展，往往会限制对其他国家的直接技术投资，而且直接的知识传递也往往是不被允许的。但是并不是说经济增长跨国溢出不能通过技术和知识外溢的渠道来实现，而只是与贸易和投资相比，这两种渠道不那么常见而已。

3.3.2 经济增长跨国溢出机制

3.3.2.1 基于国际贸易的经济增长溢出机制

国际贸易是国家间经济联系最为直接和重要的途径，内生经济增长理论认为贸易可以通过要素积累和技术进步促进经济增长。

国际贸易对资本积累产生影响有两个条件：一是不能割裂国家和地区间的经济增长；二是贸易对经济增长的影响，取决于贸易的特征。如果贸易以中间产品为主，并由相对贸易禀赋决定时，要素价格完全由世界市场决定。如果实施完全的自由贸易，那么全世界要素的价格会逐渐实现均等化。在世界经济一体化的背景下，小国实现经济增长的途径除了增加资本积累外，还可以通过增加储蓄和投资来实现。由于要素的跨国流动，开放经济体在长期来看，其经济的增长率逐渐趋同，而收入水平则取决于各经济体在国际分工中的地位和作用。

各经济体还可以通过"干中学"来获得国际贸易的技术溢出效应，从而促进本地经济的增长。"干中学"效应的大小取决于贸易产品的技术含量，技术含量越高，"干中学"效应越大。在国际分工体系下，资本和技术密集型国家通过"干中学"可以更好地获得国际贸易的技术溢出效应，带动本国经济发展，而劳动力密集型国家通过"干中学"所获得技术溢出效应较小，这种分工格局会进一步强化各国在国际分工中的地位，从而不利于劳动密集型国家实现对资本和技术密集型国家的增长超越。

贸易对创新的影响具有多种的途径。一方面，一国如果与技术水平较高的国家存在较频繁、高强度的自由贸易，那么该国从贸易中获得的技术溢出效应越大，在进口结构不变时，进口水平越高，技术溢出效应越大。另一方面贸易的自由化可以提高本国产品的市场竞争，从而刺激厂商投入更多要素进行技术创新，带动本国经济的发展。而且，贸易可以通过直接或间接途径对那些促进经济增长的制度带来正影响。

输出基础理论是阐述国际贸易对经济增长影响的代表性理论。杜森伯利和诺思于1950年提出了输出基础理论模型的基本内容。杜森伯利和诺思是利用美国内部两个区域之间的商品贸易作为分析的对象，这里我们将分析的对象调整为两个进行商品贸易的国家。

我们假设国家1为一个"穷国"，产业以农业为主，其生产自身所需的农产品，同时将剩余的农产品出售给国家2，国家2是一个富国，已经实现了工业化。国家1向国家2出售自身生产的农产品，从而提高了自身的收入水平，为了获得更加丰厚的收入，国家1要不断地提高其农产品的劳动生产率和产出水平，这样就对农业机械产生了巨大的需求，由于本国没有实现工业化，无法生产农业劳动所需的农业机械，所以需要从国家2进口。这种对国家2工业制成品需求的增加，会在国家2内产生乘数效应，从而导致国家2收入水平的提高。由此可见，通过国家间的商品贸易，使两个国家的国民收入水平都有了很大的提高，这种提高又为本地产业的发展提供了新的资本积累，创造了更加优越的发展条件。

输出基础理论模型假定一个国家的经济部门由两部分组成。

（1）输出基础部门，其产品主要满足区外需求；

（2）本地经济部门，其产品主要满足本国的生产和消费需求。

一个国家的总产出水平（也就是总收入）

$$Y_R = Y_X + Y_L \tag{3-3}$$

其中：Y_X 表示输出基础部门通过产品的输出而获得的收入；Y_L 表示本地经济部门满足本地生产和消费需要而获得的收入。

本地经济部门所获得收入是输出基础部门收入的函数，并且受到边际消费倾向（c）和边际进口倾向（q）的影响：

$$Y_L = Y_X \left(\frac{1}{1-c+q} - 1 \right) \tag{3-4}$$

将公式（3-4）代入总收入公式（3-3）得到：

$$Y_R = Y_X \frac{1}{1-c+q} \tag{3-5}$$

这里的 $\frac{1}{1-c+q}$ 即为乘数效应，表明了边际消费倾向越大、边际进口倾向越小，乘数效应就越大。

通过两个国家的输出基础部门和本地经济部门的经济交流，在两个国家间形成了一个收入的循环，如图3-2所示。基础输出部门的输出活动使得另一个国家的收入流入该国，这些收入的归属分为两个部分，一部分用来支付基础输出部门进口的产品开支，又流出到国外，另一部分则用来支付购买本地经济部门的产品支出，从而带动了本地经济部门收入的提高。本地经济部门的收入同样也分为了两个部分，分别用来支付进口产品和本地产品的消费支出。在这样的收入循环下，本地经济部门和输出基础部门的收入水平都有了提升，并且本地经济部门的经济活动通过乘数效应带来了成倍的放大，这就创造出来更大的收入。

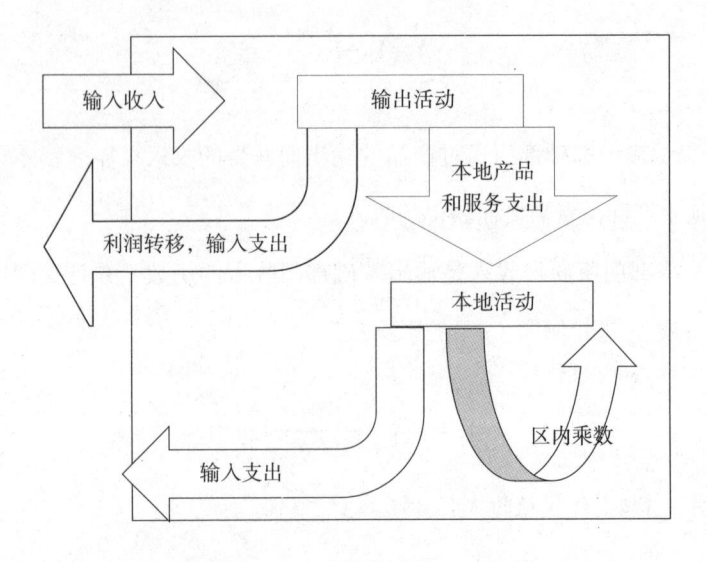

图 3-2 输出基础模型的收入循环

从一个国家总收入的公式和输出基础模型的收入循环我们可以看出，一个国家的收入水平由输出部门所决定，输出部门所面对的正是另一个国家的国内市场需求。另一国家的国内市场需求决定了本国经济的增长水平，这也正是国际贸易对跨国经济增长溢出影响的根源。

3.3.2.2 基于劳动力跨国流动的经济增长溢出机制

1. 劳动力跨国流动影响经济增长的理论模型

劳动力的跨国流动实际上是人力资本在国际市场上的再分配。Borenztein（1998）构建了国际技术溢出和劳动力流动对一个国家经济增长影响的理论模型，该模型解释了劳动力资源的丰裕对国家经济增长的影响，但是并未解释不同类型的劳动力资源对经济增长影响的差异以及国际劳动力资源流动对本国经济增长的影响。因此，这里引入劳动力资源的多样性来拓展该模型，从另外一个角度描述跨国劳动力流动对某国经济增长的作用。

为了分析的方便，首先假定模型中只有一种最终消费品，其生产函数为

$$Y_t = AH_t^\alpha K_t^{1-\alpha} \tag{3-6}$$

其中：A 代表外生变量；H_t 代表劳动力资源也就是人力资本；K_t 表示有形资产。

与 Borenztein（1998）的模型不同，我们这里假定有形资产和劳动力资源都是由多种细分的资产组成。也就是：

$$H_t = \left[\int_0^M h(i)^\alpha \mathrm{d}i\right]^{\frac{1}{\alpha}} \tag{3-7}$$

其中：H_t 表示劳动力资源总量，该公式的意思即劳动力总量由大量的差异化劳动力构成。$h(i)$ 表示第 i 种劳动力资源，如果劳动力资源的总量为 M，那么劳动力资源实际上就由本国的劳动力资源和国外流入的劳动力资源组成，即

$$M = m + m^* \tag{3-8}$$

其中：m 表示本国的劳动力资源；m^* 表示国外流入的劳动力资源。

相对应地，有形资产 K 也有以下关系：

$$K_t = \left[\int_0^M k(i)^{1-\alpha} \mathrm{d}j\right]^{\frac{1}{1-\alpha}} \tag{3-9}$$

其中：有形资产也是由大量差异化的有形资产组成。$k(i)$ 表示第 i 种有形资产，如果有形资产的总量为 N，那么有形资产实际上就由本国生产的产品和国外流入的产品组成，即

$$N = n + n^* \qquad (3\text{-}10)$$

其中：n 表示本国生产的有形资产；n^* 表示国外企业生产的有形资产。

实际上，在一国的生产过程中，最终产品厂商的生产是由多种中间产品的投入的，而这些中间产品的生产则由大量的中间生产商完成，这些中间生产商不仅提供最终产品生产所需的有形资产，而且为其提供生产所需的大量劳动力资源。如果最终产品生产商分别以 $z(i)$ 和 $m(j)$ 的价格使用劳动力资源和有形资产，那么其利润最大化的约束条件为

$$\max AH_t^\alpha H_t^{1-\alpha} - z(i)h(i) - m(j)k(j) \qquad (3\text{-}11)$$

通过求其一阶导数可以推导出对于劳动力资源和有形资产的需求函数：

$$z(i) = \alpha A K^{1-\alpha} h(i)^{\alpha-1} \qquad (3\text{-}12)$$

$$m(j) = (1-\alpha) A H^\alpha k(j)^{-\alpha} \qquad (3\text{-}13)$$

为了分析中间厂商的利润最大化问题，这里假设中间厂商引进有形资产需要付出一定的初始固定成本，这个成本的决定由两个因素构成，一个因素是外商直接投资规模，n^*/N，另一个因素是两个国家的技术水平差异，N/N^*。那么引进有形资产的初始固定成本即为

$$F = F\left(\frac{n^*}{N}, \frac{N}{N^*}\right) \qquad (3\text{-}14)$$

其中：$\dfrac{\partial F}{\partial\left(\dfrac{n^*}{N}\right)} < 0$；$\dfrac{\partial F}{\partial\left(\dfrac{N}{N^*}\right)} > 0$。

相应地，劳动力资源引进的固定初始成本为

$$E = E\left(\frac{m^*}{M}, \frac{M}{M^*}\right) \tag{3-15}$$

其中：$\dfrac{\partial E}{\partial\left(\dfrac{m^*}{M}\right)} < 0$；$\dfrac{\partial E}{\partial\left(\dfrac{M}{M^*}\right)} > 0$。

这样，中间厂商的利润就可以表示为其提供劳动力资源和有形资产的收益减去其引进劳动力资源和有形资产的固定初始成本，也就是

$$\begin{aligned}\max \prod(i,j) &= \int_0^\infty [m(j)k(j) - k(j)]e^{-r(s-t)}\mathrm{d}s + \int_0^\infty [z(i)h(i) - h(i)]e^{-r(s-t)}\mathrm{d}s \\ &\quad - F\left(\frac{n^*}{N}, \frac{N}{N^*}\right) - E\left(\frac{m^*}{M}, \frac{M}{M^*}\right)\end{aligned} \tag{3-16}$$

这样，中间厂商的利润最大化条件即为

$$h(i) = \alpha^{\frac{2}{(1-\alpha)}} A^{\frac{1}{(1-\alpha)}} K \tag{3-17}$$

$$k(j) = (1-\alpha)^{\frac{2}{\alpha}} A^{\frac{1}{\alpha}} H \tag{3-18}$$

将中间厂商和最终产品生产商的利润最大化条件进行结合，可以得到：

$$z(i) = \frac{1}{\alpha} \tag{3-19}$$

$$m(j) = \frac{1}{1-\alpha} \tag{3-20}$$

由于 α 的取值范围是（0，1），而且 $z(i)>1, m(j)>1$（劳动力资源和有形资产

的市场价格高于其成本价格），在中间厂商利润为零的条件下，其收益率为

$$r = \left[F\left(\frac{n^*}{N}, \frac{N}{N^*}\right) + E\left(\frac{m^*}{M}, \frac{M}{M^*}\right) \right]^{-1} \left[\alpha(1-\alpha)^{\frac{1-\alpha}{\alpha}} A^{\frac{1}{\alpha}} H + (1-\alpha)\alpha^{\frac{1+\alpha}{1-\alpha}} A^{\frac{1}{1-\alpha}} K \right] \quad (3-21)$$

在该模型中，消费者的效用函数为

$$U_t = \int_t^\infty \frac{C_S^{1-\sigma}}{1-\sigma} e^{-\rho(s-t)} ds \quad (3-22)$$

其中：C 表示消费者对最终产品的消费；σ 表示消费者的风险偏好。若 r 一定，则消费者效用最大化的条件为

$$\frac{\dot{C}}{C} = \frac{1}{\sigma}(r-p) \quad (3-23)$$

在经济均衡条件下，消费增长率与国内生产总值增长率相同，也就是 $r=g$（其中 g 为 GDP 增长率）。最后，我们就可以得到人力资本流动与本国经济增长的关系：

$$g = \frac{1}{\sigma} \left[F\left(\frac{n^*}{N}, \frac{N}{N^*}\right) + E\left(\frac{m^*}{M}, \frac{M}{M^*}\right) \right]^{-1} \left[\alpha(1-\alpha)^{\frac{1-\alpha}{\alpha}} A^{\frac{1}{\alpha}} H + (1-\alpha)\alpha^{\frac{1+\alpha}{1-\alpha}} A^{\frac{1}{1-\alpha}} K \right] \quad (3-24)$$

从这个公式我们可以看出，劳动力资源与本国国内生产总值的增长率呈正相关的关系，越丰富的劳动力资源（既包括本国原有的劳动力资源，又包括跨国流入的劳动力资源）越能保持本国经济的持续增长。同时，跨国劳动力资源的流入能够有效改善本国的劳动力资源结构，特别是从发达国家引进的具有较高技术水平的劳动力资源，更是能够极大地提高本国劳动力的技术水平，有效降低本国技术更新成本，从而为本国经济的持续增长提供动力。

2.劳动力跨国流动的增长福利效应

劳动力跨国流动的动力来自国家间劳动力工资水平的差异，各国不同的经济增长水平是其工资水平差异的主要来源。劳动力的跨国流动，会改变国家劳动力要素的数量和工资水平，进而影响其经济增长水平，这样，劳动力作为媒介将一国经济增长的影响带入另一国。劳动力的跨国流动通过影响国家的收入水平和改变贸易状况来传递经济增长的溢出效应。

为了分析的方便，假定存在两个国家 A 和 B，生产活动投入的要素只有劳动和资本，两个国家生产一种同质的商品，且其价格外生给定，而且 A 国属于劳动力富裕国家，而 B 国相对 A 国则劳动力较为缺乏。

根据供求原理，一国工资水平决定于劳动力的供给与需求的均衡。如图 3-3 所示，横轴表示劳动力数量，纵轴表示工资水平。在初始状态下，A 国的劳动力供给量为 OL_1，B 国的劳动力数量为 QL_1，L_1 为两国的劳动力供给曲线。在完全竞争市场上，劳动的工资水平与边际收益产品 MRP_L 相等，而劳动的边际收益产品随着劳动投入的增加而递减，所以劳动的需求曲线是一条向下倾斜的直线。劳动的需求曲线和供给曲线的交点决定了劳动的工资水平。A 国的工资水平为 W_A，B 国的工资水平为 W_B，在劳动力不能流动的状况下，A 国的工资水平要低于 B 国。

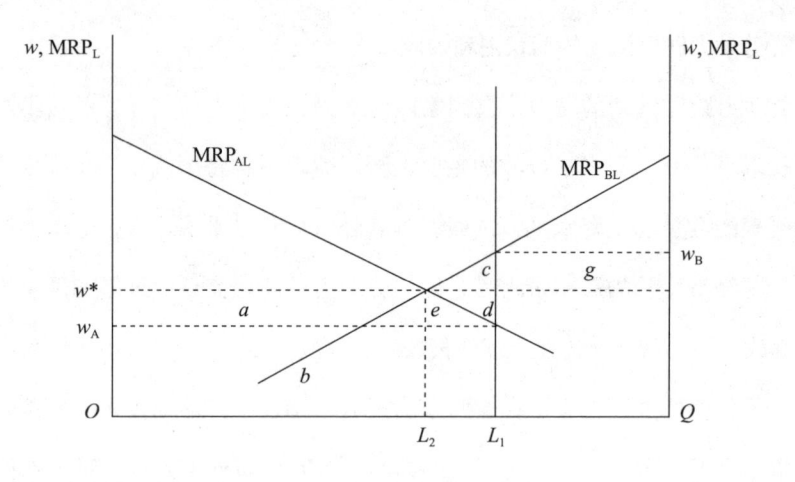

图 3-3 劳动力跨国流动的福利效应

如果劳动力可以跨国流动,那么在高工资的驱使下,A 国的富余劳动力会向 B 国流动。这种流动造成了两个国家劳动力数量的变化,反映在劳动供给曲线上,就是劳动的供给曲线向左移动,在这个过程中,A 国劳动力的工资水平不断提高,而 B 国劳动力的工资水平则不断降低,直到劳动力的供给曲线移动到 L_2,也就是两个国家的劳动力工资水平相等,劳动力的跨国流动才停止。

在图 3-3 中,劳动力需求曲线以下的面积等于一国的总收入,劳动力需求曲线以下工资曲线以上的部分是总收益中超出发放给工人工资的部分,是生产者留存的收益,属于资本收益的一部分。通过跨国劳动力的流动,A 国劳动力收入提升了面积 a,而生产者资本收益减少了面积 $a+e$,流出人口的收益增加了 $d+e$。而 B 国的资本收益增加了 $c+g$,本地居民收入下降了 g。从国家层面来看,劳动力流入国从劳动力的跨国流动中获得了比流出国更多的社会福利增加。从整个世界的福利水平来看,通过劳动力的跨国流动,其总体福利增加了 $c+d$。可见,劳动力的跨国流动能够改善整个世界的福利水平。

3.3.2.3 基于跨国资本流动的经济增长溢出机制

跨国资本流动是相对于国内资本流动而提出的一个概念,是指资本在国际范围的流动,是资本从一个国家或地区流入另一个国家或地区的一种经济活动和现象。跨国资本流动有短期和长期之分,不同期限的跨国资本流动对流入国和流出国的经济影响是存在差异的,短期跨国资本流动以"热钱"流动为主,主要是投机性资本,而长期跨国资本流动则以在流入国赚取长期投资收益为目的,对当地经济的发展产生重要的影响。

跨国资本流动的动机主要包括追求利润、降低风险、拓展市场和追求高新技术。无论哪种动机的跨国资本流动都是在流出国存在剩余资本时的,那么,跨国资本流动就会将流出国经济发展的成果带入流入国,从而改变两个国家的资本结构、技术水平、资本规模、需求市场和产品供需,就像一条无形的纽带,将两国的经济联系在一起,共享经济发展的收益。

1. 跨国资本流动对一国经济增长的影响

对一国经济内外均衡发展分析最为经典的理论为蒙代尔–弗莱明模型,该模型分析了不同汇率制度下跨国资本流动对一国宏观经济的影响,特别是财政政策和货币政策效果的影响,从而体现出跨国资本流动所带来的增长溢出效应。

蒙代尔–弗莱明模型既可用数学公式的形式表示,用来计算跨国经济增长的溢出效果,也可以用图形的形式分析一国货币市场、商品市场、国际市场的均衡,从而可以用来分析跨国资本流动对一国国内经济政策效果的影响。

为了分析的便利，蒙代尔-弗莱明模型有一系列的假设条件。

（1）投资是利率的函数，储蓄是收入的函数；

（2）规模收益不变，工资不变；

（3）汇率保持不变，不存在投机和远期市场；

（4）马歇尔-勒那条件成立；

（5）没有一个国家可以影响世界市场上的利率水平。

蒙代尔-弗莱明模型分为以下几种状况。

1）资本完全自由流动

图形化的蒙代尔-弗莱明模型包括三条曲线，IS 曲线、LM 曲线、BP 曲线分别表示商品市场均衡、货币市场均衡和外部均衡。在资本完全自由流动的情况下，外汇市场均衡完全由世界市场上的利率水平决定，所以 BP 曲线为一条平行于 X 轴的直线。

如图 3-4 所示，在固定汇率制下，扩张性的货币政策使得 LM 曲线向右移动，LM 曲线与 IS 曲线的交点处于原均衡点的下方，国内市场利率低于均衡利率，在利益的驱使下，国内资本通过跨国资本流动而流向收益率更高的其他国家，从而造成资本外流，为了维持固定汇率，此时央行要通过出售外汇资产来提高对本国货币的需求，从而使得 LM 曲线向左移动，直到与原 LM 曲线重合，此时才能使得国际和国内市场重新恢复均衡，但此时国内外汇储备大量减少。因此，在固定汇率制度下，货币政策对一国经济增长并没有多大作用，仅是外汇储备发生了变化，国际资本流动的结果对本国经济增长没有影响。

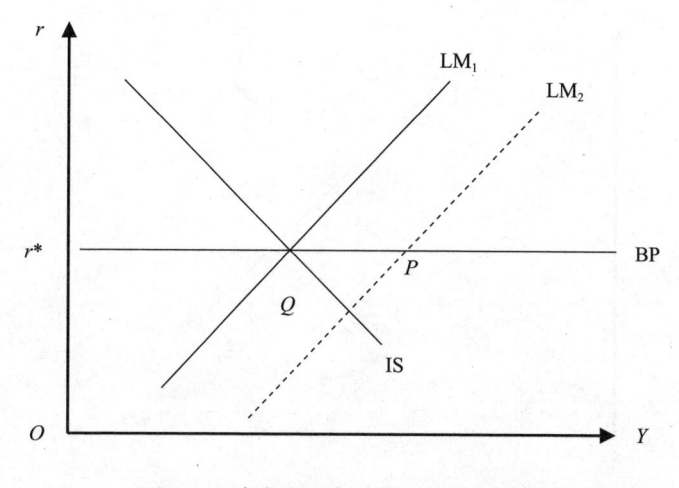

图 3-4 资本完全自由流动且固定汇率

如图 3-5 所示,在浮动汇率制度下,扩张性的货币政策使得 LM 曲线向右移动,国内市场利率低于均衡利率,造成资本外流,本币贬值,这又给国内产品的出口带来了便利,使得出口增加,IS 曲线向右移动,直到与新的 LM 曲线相交于 P 点,新的均衡点同样实现了国内和国际的均衡,而在新的均衡条件下,国内实现了经济的增长,产出水平沿水平轴向右移动。也就是说,在浮动汇率制度下,货币政策改变带来了跨国资本流动,这种跨国资本流动有效地促进了国内经济增长。

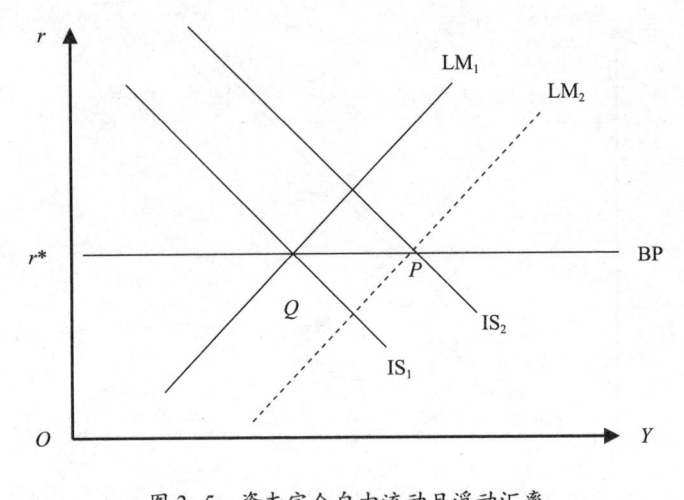

图 3-5　资本完全自由流动且浮动汇率

2）资本完全不流动

由于资本被完全控制在国内流动，因此，国内和国际利率的差异并不能引起资本的跨国流动，在这种状况下 BP 曲线变成了与纵轴平行的一条直线。

如图 3-6 所示，在固定汇率制度下，扩张性的货币政策使得 LM 曲线向右移动，与 IS 曲线相交的点低于原来的点 Q，此时国内利率水平下降，产出水平提高，进口水平增加，出现逆差，给本币造成贬值的压力，为了维持固定汇率，必须在国际市场上卖出外汇资产，买入本币资产，这样就会使得本币的供应减少，LM 曲线向左移动，直到与原来的 LM 曲线重合才达到新的均衡。在这种情况下，刺激性的货币政策并没有促进经济发展，而只是改变了国内的货币结构。

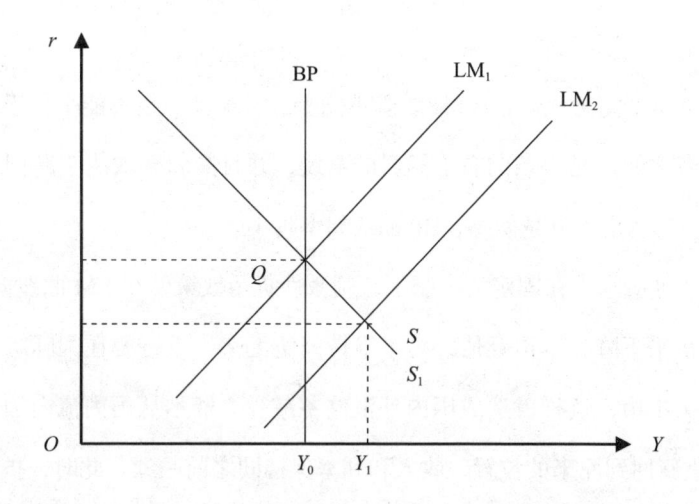

图 3-6 资本完全不流动且固定汇率

如图 3-7 所示,在浮动汇率制度下,刺激性的货币政策使得 LM 曲线向右移动,国内利率水平低于国际市场的利率水平,进口增加,本币贬值,使得 BP 曲线和 IS 曲线都向右移动,新的均衡点出现在三条新的曲线的交点处,此时的国内收入水平增加。在这种状况下,扩张性的货币政策有效地促进了国内经济的发展。

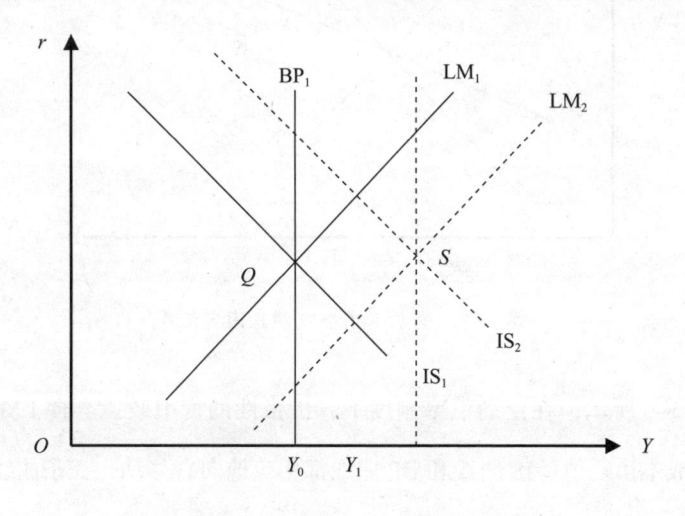

图 3-7 资本完全不流动且浮动汇率

3）资本不完全流动

由于资本不完全流动，BP 曲线既不能平行于横轴，也不能平行于纵轴，而是介于两者之间，是一条向右上倾斜的直线，并且其斜率取决于跨国资本流动对利率的敏感程度，其越敏感，BP 曲线斜率越小。

如图 3-8 所示，在固定汇率制下，刺激性货币政策使得 LM 曲线向右移动，国内利率水平下降，本币贬值，为了维持固定汇率，央行要在国际货币市场上用外币购买本币，这样就造成国内外汇储备减少，资本从国内流向国外，直到 LM 曲线重新回到原来的位置，收入和利率保持同之前一致。此时，扩张性的货币政策只是造成了资本的跨国流动，对本国经济增长并没有产生长期影响。

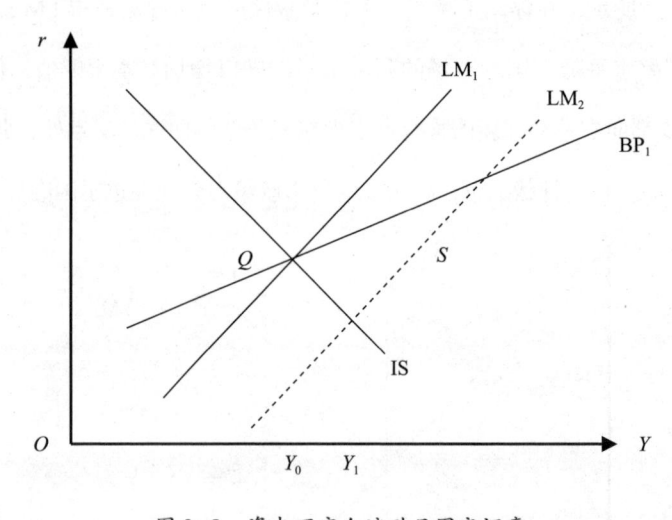

图 3-8　资本不完全流动且固定汇率

如图 3-9 所示，在浮动汇率制度下，扩张性的货币政策会使 LM 曲线向右移动，造成本币贬值，IS 曲线和 BP 曲线都相应地向右移动，三条曲线交于新的

均衡点 S，此时国内收入水平上升。在这种情况下，扩张性的货币政策导致资本的跨国流动，这种流动有效地促进了国内经济的增长。

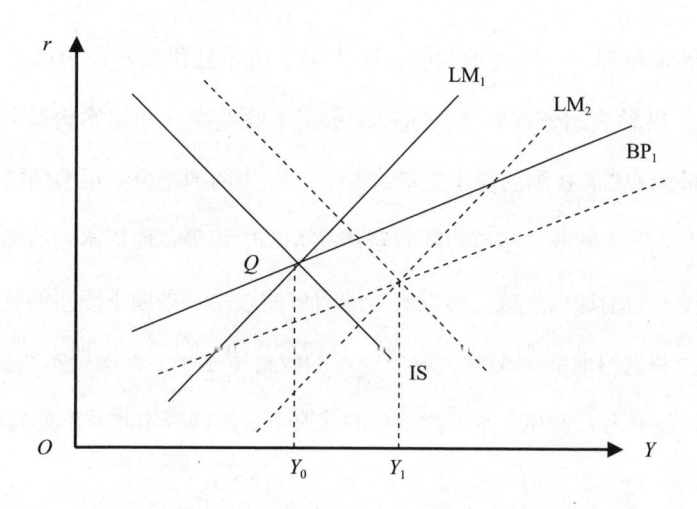

图 3-9　资本不完全流动且浮动汇率

可见，在开放经济中，一国的产品市场、货币市场和国际收支是否均衡是影响一国经济发展的重要因素。国际市场上的均衡（也就是外部均衡）是随着资本的跨国流动而发生变化的，这种变化会通过各种途径传递到国内，对国内经济的发展产生重要的影响。通过对三种不同资本管控状态下的均衡分析发现，在固定汇率制度下，财政政策能够更好地刺激国际资本的流动，从而带动国内经济的发展，而在浮动汇率制度下，货币政策能够通过汇率的调整吸引国际资本的跨国流动，并且给国内经济的发展带来动力，增加国内收入水平。

2. 跨国资本流动的增长福利效应

为了分析的方便，同样假定存在两个国家 A 和 B，生产活动投入的要素只有劳动和资本,而 A 国属于资本稀缺国家,而 B 国相对 A 国则资本丰富。同样地,初始状态下,两个国家的资本的供给曲线为 K_1,资本的需求曲线为 MRP_{AK} 和 MRP_{BK}。

根据供求原理,一国资本的收益率决定于资本的供给与需求的均衡。如图 3-10 所示,横轴表示资本数量,纵轴表示资本收益率。在初始状态下,A 国的资本供给量为 OK_1,B 国的资本数量为 QK_1,K_1 为两国的资本供给曲线。在完全竞争市场上,资本的收益率与边际收益产品 MRP_K 相等,而资本的边际收益产品随着资本投入的增加而递减,所以资本的需求曲线是一条向下倾斜的直线。资本的需求曲线和供给曲线的交点决定了资本的收益率水平。A 国资本收益率为 r_A,B 国资本收益率为 r_B,在资本不能流动的状况下,A 国资本收益率要高于 B 国。

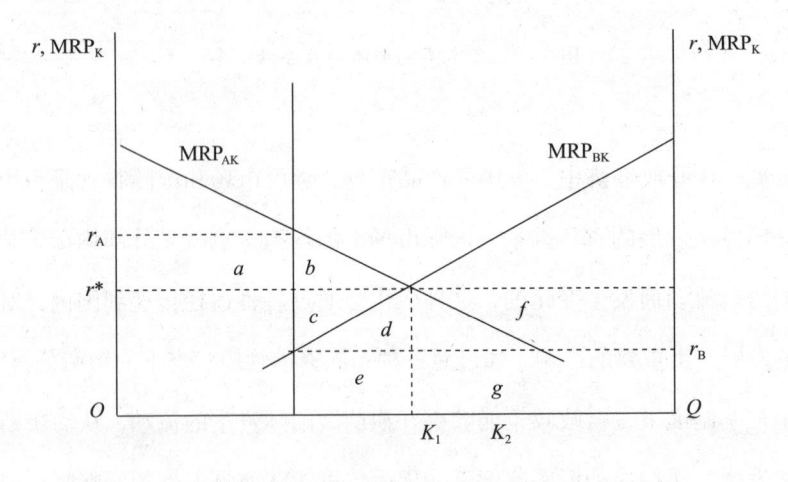

图 3-10　资本跨国流动的福利效应

如果资本可以跨国流动,那么在高资本收益率的驱使下,B 国的富余资本会向 A 国流动。这种流动造成了两个国家资本存量的变化,反映在资本供给曲线上，就是资本的供给曲线向右移动，在这个过程中，A 国资本的收益率不断降低，而 B 国资本的收益率则不断提高，直到资本的供给曲线移动到 K_2，也就是两个国家的资本收益率相等，资本的跨国流动才停止。

由于资本跨国流动而带来了资本收益率的变化，国家 A 资本所有者的收益由 r_A 下降为 r^*，总收益减少了 a 的面积，劳动力的收益则增加了 $a+b$ 的面积，总的收益为 b 的面积；国家 B 资本所有者的收益增加了 $c+d+f$，劳动力的收入减少了 $d+f$，总的收益增加了 c。可见，在资本跨国自由流动的前提下，资本的跨国流动给世界各国都能带来福利的增加，这种福利的增加也就是资本流动带来的增长溢出效应。

3.3.2.4　基于国际技术流动的经济增长溢出机制

从目前国际技术流动的方向来看，既存在发达国家和地区向发展中国家和地区的技术扩散，也存在发达国家之间以及发展中国家之间的技术扩散和模仿。对于中国与东盟国家来说，其多数属于经济欠发达的发展中国家，技术水平相对较低，要提高本国的技术存量，缩小与世界先进国家的差距，一个重要的途径就是要建立起顺畅、多渠道的技术流动通道，通过吸引发达国家的先进技术，一方面直接提高本国的技术存量，另一方面要通过技术的不断积累，建立起有利于技术创新的体制机制，只有这样才能真正享受到技术的跨国流动所带来的增长效益。

李平（2006）分析了国际技术流动的路径和方式，认为国际贸易、外国直接投资和专利申请与利用是国际技术扩散的三大主要方式。通过这三个主要扩散渠道，各个国家可以有效地享受国际技术流动所带来的经济增长溢出效应，从而促进本国经济的快速发展。

从国际贸易的溢出渠道来看，通过进口贸易实现的技术扩散能够有效地促进本国劳动生产率的提高，其主要途径有两条：第一条是中间产品的进口。中间产品的进口是国际技术流动的重要载体（Rivera et al.,1991；Eaton et al.,2002）。通过中间产品的进口，一方面本国的企业可以直接利用中间品所蕴含的专利技术以及相关的研发成果，促进本国企业的生产，另一方面通过进口中间产品，可以避免在本国进行同类产品的研发，而中间产品的进口成本要低于相应的研发成本，从而通过中间产品的进口可以对本国企业产生有效的技术溢出效应；第二条是直接的国际技术贸易。技术匮乏的国家可以通过直接的国际技术贸易而获得其他国家的先进技术，这一方面有利于本国直接的技术积累，另一方面也将极大地提高本国的技术创新水平，有利于本国在现有技术的基础上实现二次创新。

国际技术流动的第二条渠道为外国直接投资。外国直接投资对一国经济的溢出效应实际上由于经济外部性而产生的：外国母公司在一国进行对外投资，这种投资能够带来本地的技术进步，但是外国母公司又无法享有技术进步所带来的全部收益。外国直接投资所产生的国际技术流动主要有两种方式：第一种是通过技术人员直接对外国的技术进行学习；第二种是通过产业链的关联性和产品的模仿与竞争效应来实现。

国际技术流动的第三条渠道为专利的申请和引用。专利的申请能够有效地实现技术在国家间的流动。因为，一个国家一旦接受了其他国家个人或机构的专利申请，那么就表明该国承认该专利具有国内无法比拟的先进性。那么该专利一旦在申请国获得通过，将被该国的企业所深入研究，该专利的一些可以公开的信息将被申请国的企业所获得，从而有利于这些企业在该专利的基础上实现模仿甚至创新。专利引用更是一种直接将国外先进技术应用于国内的一种方式。专利引用的频率代表着专利技术的扩散程度,引用率越高,其跨国流动的次数就越多,溢出效应也就越大。专利申请与引用所带来的技术跨国流动和技术跨国溢出效应要明显高于商品贸易(McCallum,1995;Anderson et al.,2001)。

3.3.3 经济增长跨国溢出的评测方法

国家间经济增长溢出的测度从目前的研究来看,主要包括以下几种方法:Mundell-Fleming模型测度法、投入产出分析法和空间计量经济分析法。

3.3.3.1 Mundell-Fleming模型法

最早将经济增长跨国溢出模型化的学者是"欧元之父"Mundell(1963),他与Fleming(1962)的研究共同形成了所谓的Mundell-Fleming模型,用来解释国家经济增长的内外均衡问题,试图分析经济增长的溢出效应。之后有许多学者发展了这个模型(Mckibbin,1991;Krugman,1993),但是研究对象都限于两个国家之间,直到1998年,Douven和Peeters才在Mundell-Fleming模型的基础上建立起了标准的多国增长溢出模型。王铮等(2003)运用调整的两国Mundell-Fleming模型分析了中美两国之间经济增长和技术研发的溢出效应,认为中美两国研发溢出有利于提高双方经济增长水平,但是美国对中国GDP溢出影响要大于中国对美国的GDP溢出。之后,王铮等(2009,2015)又将两国的Mundell-Fleming模型扩展到多国,分别分析了金融危机后我国金融政策调整对美国、日本和欧盟经济增长的影响,以及中、美、日、俄、欧、印之间经济增长的溢出效应与溢出路径,相关公式如下:

$$m - p^c = \omega_0 + \omega_1 q - \omega_2 i + \omega_3(m_{(-1)} - p^c_{(-1)}) \qquad (3-25)$$

$$m^* - p^{c*} = \omega_0^* + \omega_1^* q^* - \omega_2^* i^* + \omega_3^*(m_{(-1)}^* - p^{c*}_{(-1)}) \qquad (3-26)$$

$$q = v_0 + v_1 \lambda - v_2(i - p_{(+1)} + p) + v_3 q^* + v_4 g + v_5 T \qquad (3-27)$$

$$q^* = v_0^* + v_1^* - v_2^*(i^* - p^*_{(+1)} + p^*) + v_3^* q + v_4^* g^* + v_5^* T^* \qquad (3-28)$$

$$p - p_{(-1)} = \varphi_0 + \varphi_1(p^c_{(-1)} - p^c_{(-2)}) + \varphi_2(q_{(-1)} - \hat{q}_{(-1)}) + \varphi_3(q_{(-1)} - q_{(-2)}) \qquad (3-29)$$

$$p^* - p^*_{(-1)} = \varphi_0^* + \varphi_1^*(p^{c*}_{(-1)} - p^{c*}_{(-2)}) + \varphi_2^*(q^*_{(-1)} - \hat{q}^*_{(-1)}) + \varphi_3^*(q^*_{(-1)} - q^*_{(-2)}) \qquad (3-30)$$

$$p^c = \rho_1 p + (1 - \rho_1)(e + p^*) \qquad (3-31)$$

$$p^{c*} = \rho_1^* p^* + (1 - \rho_1^*)(-e^* + p) \qquad (3-32)$$

$$\lambda = e + p^* - p \qquad (3-33)$$

$$e_{(+1)} = e + i - i^* \qquad (3-34)$$

其中：带"*"的表示外国，不带的表示本国，下标"-1"表示滞后一期的值，下标"+1"表示前一期的值。q代表真实国内生产总值，$\hat{q}$代表潜在国内生产总值，i 代表真实利率，p 代表价格指数，e 代表名义汇率，λ 代表真实汇率，p^c 代表消费者价格指数，m 代表名义货币均衡，T 为外在增长趋势，g 为政府实际支出。

等式（3-25）为本国的 LM 曲线，等式（3-27）为 IS 曲线，等式（3-29）是菲利普斯曲线，等式（3-31）表示作为国内生产的商品价格与进口商品价格的加权平均消费者价格水平，等式（3-33）是真实汇率等式，等式（3-34）是未抵补的利率平价，表示资本完全流动。

在计算经济增长跨国溢出时，将所有变量的值代入公式（3-25），运用面板数据或者截面数据的回归方法，便可以得到两个国家间经济增长的溢出效应。

3.3.3.2 国际投入产出模型法

国际投入产出分析是以国际投入产出表为基础来分析国际经济增长溢出效应的方法，该方法通过国家间的投入与产出关系分析，可以直观表现国家间经济增长的相互关联关系。但是该方法在具体的实施过程中存在一定的困难，因为该方法对数据的要求极高，需要非常详尽地列出国家间中间产品、最终产品的消费情况，目前来看，没有关于这方面的详细统计。因此，该方法在跨国经济增长溢出的分析中极少被采用。

3.3.3.3 空间计量经济分析法

空间计量经济分析是在传统计量经济分析的基础上，加入空间变量对区域经济间的空间相互作用进行计量描述的分析方法。空间计量经济模型一般分为两种：空间滞后模型和空间误差模型。

空间滞后模型用以解释空间相互作用、空间溢出效应是否存在，以及测度

空间相互作用和空间溢出效应的大小,也就是相邻地区之间某种经济因素相互影响的大小。其一般的模型形式如下:

$$y = \alpha Wy + \beta X + \varepsilon \quad (3-35)$$

$$\varepsilon \sim N(0, \sigma^2 I) \quad (3-36)$$

其中:W 为空间权重矩阵;y 为被解释变量向量;Wy 为被解释变量的空间滞后值,即与目标区域相邻的区域的加权平均值;X 为解释变量矩阵;系数 β 用来衡量空间相互作用的大小,在具体分析时,代表空间溢出效应的大小。

空间误差模型用以解释误差项的空间关联,也就是模型中未包含的、不被观测的因素在空间上的相互作用。其一般的模型形式如下:

$$y = \alpha X + \varepsilon \quad (3-37)$$

$$\varepsilon = \lambda W + \mu \quad (3-38)$$

$$\mu \sim N(0, \sigma^2 I) \quad (3-39)$$

其中:λ 为空间误差系数;ε 为空间误差模型的随机误差项;μ 为正态分布的随机误差项。空间误差模型本质上是一个标准回归模型和一个误差项空间自回归模型的结合,其空间关联作用存在于空间误差模型的随机扰动项中,反映了相邻地区关于因变量的误差冲击对该地区观测值的影响程度。

第四章 中国与东盟国家经济增长的空间关联及溢出效应评测

4.1 中国与东盟国家经济增长现状与趋势

新中国成立以来，特别是改革开放的四十多年，是我国社会经济迅速发展的阶段，经过这一阶段的飞速发展，使我国成为继"亚洲四小龙"之后东亚地区又一个经济发展的奇迹，并成为亚洲乃至世界经济的"发动机"。1991 年中国和东盟国家建立对话关系以来，双方在贸易、投资、人文等各个方面的合作取得了巨大的发展，截至 2015 年双方贸易额增长到 4 721.6 亿美元，是 1991 年的 58 倍。特别是 2010 年中国 – 东盟自由贸易区建立以来，中国和东盟国家间贸易壁垒进一步降低，贸易商品数量和贸易额稳步提升，投资结构不断优化，人文交往日益频繁，中国和东盟国家越来越成为一个高度依赖的经济共同体。中国连续 7 年成为东盟最大的贸易伙伴国，东盟连续 5 年成为中国第三大贸易伙伴（李克强，2016）。然而在经济发展水平上，中国和东盟国家又处于不同的发展阶段。新加坡和文莱在人均收入水平上属于发达国家，马来西亚属于中等发达国家，中国和泰国属于发展中国家，菲律宾、印度尼西亚、越南、柬埔寨、老挝、缅甸则属于低收入国家，这种发展阶段的差异为各个国家间进行经贸往来奠定了基础。同时，由于中国和东盟国家在自然资源、人文资源等方面存在较大的差异，也为双方展开经济合作提供了可能。总之，自中国和东盟国家建立对话关系以来，在域内国家的共同努力下，中国和东盟国家之间建立起了紧密的经济关系，使得中国和东盟国家的经济增长呈现一种相互影响、互为依赖的状态。

4.1.1 经济增长现状

从经济总量及其增长率来看，中国作为世界第二大经济体，2015 年国内生产总值达到 87 979 亿美元（以 2010 年美元不变价计算，下同），是东盟 10 国 GDP 的 3.5 倍，2015 年 GDP 增长率为 6.9%，处于一个高速发展的阶段，是中国和东盟国家中经济体量最大、增速最快的国家。东盟 10 国 2015 年国内生产总值达到 25 155 亿美元，比 2014 年增加了 1 034 亿美元，增长率为 4.11%。从东盟内部来看，10 个国家的 GDP 明显分为几个等级，印度尼西亚的国内生产总值最高，接近 10 000 亿美元，处于第一等级；马来西亚和泰国处于第二等级，GDP 规模处于 3 000 至 4 000 亿美元之间；菲律宾和新加坡处于第三等级，GDP 规模在 2 000 至 3 000 亿美元之间；越南 2015 年 GDP 为 1 545 亿美元，处于第四等级；缅甸 2015 年 GDP 为 600 亿美元，是第五等级；柬埔寨、老挝和文莱 2015 年 GDP 规模都小于 200 亿美元，属于第六等级。

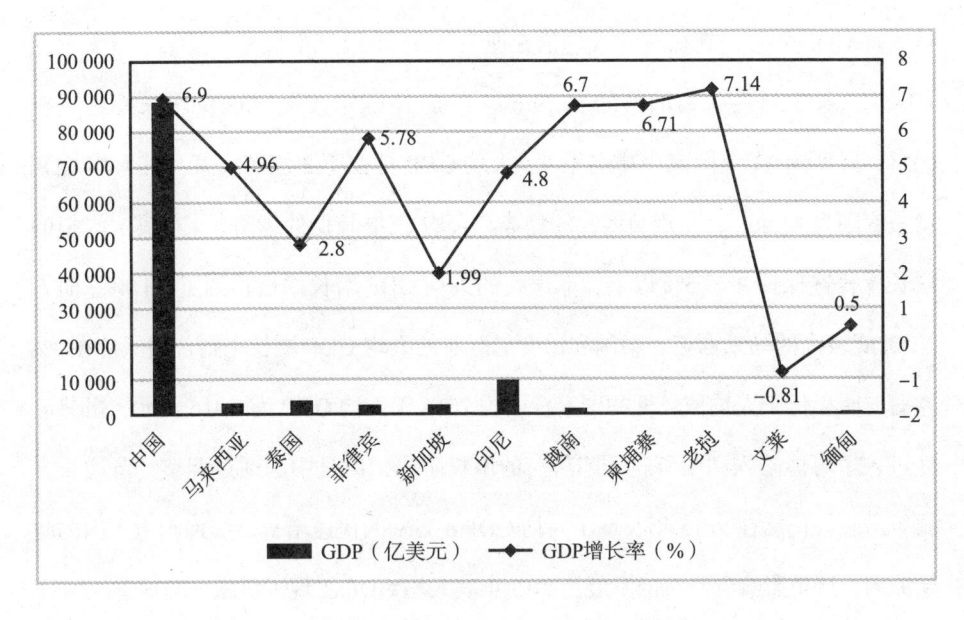

图 4-1 中国和东盟国家 2015 年 GDP 水平及增长率

在增长率方面，由于世界经济形势的波动和各国经济发展动力来源的不同，东盟内部各个国家经济增长率呈现出较大的差异。2015 年，老挝、柬埔寨、越南的 GDP 增长率明显高于其他国家，3 国均超过了 6.5%，老挝更是达到了 7.14% 的超高增长率。菲律宾、马来西亚、印度尼西亚的 GDP 增长率都在 5% 左右，属于快速增长型国家。泰国和新加坡的 GDP 增长率在 2% 左右，增长速度较慢。缅甸和文莱 2015 年 GDP 增长率处于非常低的水平，缅甸的增长率为 0.5%，文莱 2015 年 GDP 则出现了负增长的现象，经济倒退了 0.81%。

从人均 GDP 及其增长率来看，除缅甸和中国外，人均 GDP 较高的国家，其增长率反而较低，而那些人均 GDP 较低的国家，其增长率则相对较高，这说明东盟国家经济的增长是基本符合新古典经济增长理论关于经济增长趋同的假说的。

从人均GDP来看，新加坡的人均值在所有的11个国家中最高，是第2位文莱的1.78倍，是最后一位柬埔寨的50.79倍，但是2015年其人均GDP增长率则只有0.8%，在所有11个国家中排名第9。人均GDP排在第2位的文莱，其人均GDP增长率则为-1.86%，呈现负增长的趋势。人均GDP较低的越南、柬埔寨、老挝的增长率普遍保持在了5%以上，菲律宾的人均GDP增长率也达到了4.15%。而人均GDP较高的马来西亚、泰国和印度尼西亚的人均GDP增长率则普遍保持在3%左右，明显低于人均值较低的国家。中国2015年人均GDP为6 416美元，虽然已经进入了可能陷入"中等收入陷阱"的增长阶段，但是中国通过调整经济增长方式等措施，仍然在2015年实现了人均GDP 6.35%的快速增长。缅甸则由于国内政治原因，严重影响到经济的发展，2015年其人均GDP出现了负增长的现象。

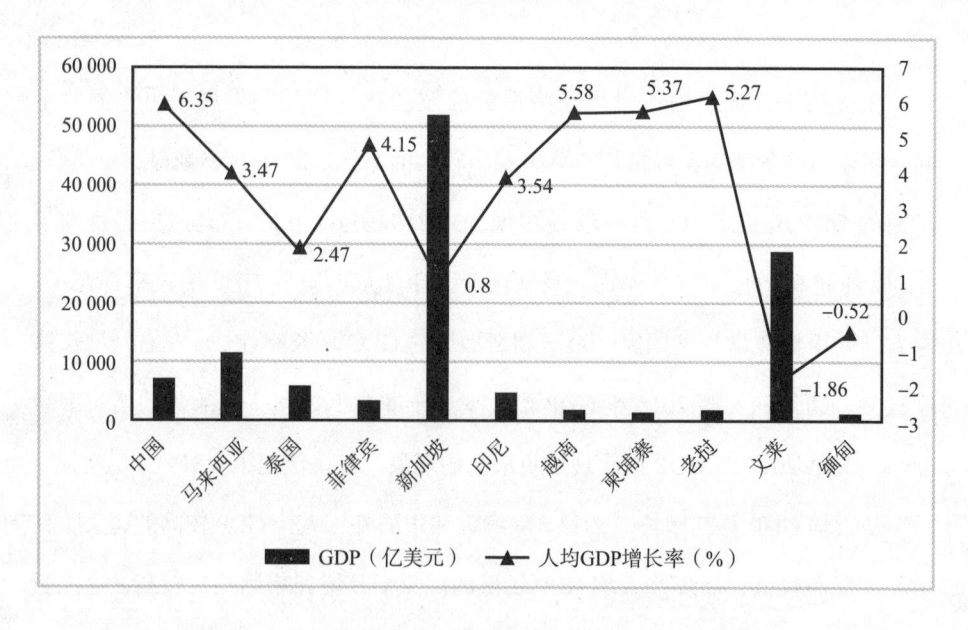

图4-2 中国和东盟国家2015年人均GDP及增长率

4.1.2 经济增长趋势

第二次世界大战结束后,随着世界经济一体化和区域经济集团化趋势的不断加强,世界各国的经济联系越来越紧密,各个国家为了获得全球化所带来的利益,纷纷采取自由贸易的对外经济政策,在这样的背景下,参与到世界经济体系中的各国,在经济发展速度、国内经济周期等方面受到一系列共同因素的影响,呈现出相近的变化趋势。

中国和东盟国家具有相似的历史发展背景,其经济发展在第二次世界大战中都受到严重的影响,经济发展一度停滞甚至倒退,战后各国虽然面临不同的内外部发展环境,但是发展的起点几乎相同,经济都进入到一个快速的恢复性增长时期。同时,中国和东盟国家具有相似的地理区位条件,是连接印度洋和太平洋的重要国际海上运输通道,具有发展外向型加工贸易产业、承接发达国家转移落后产业和劳动密集型产业的先天优势条件。因此,中国和东盟国家在经济发展上具有相似的发展特征,国际经济危机等因素对各国的影响也具有相似的特点。

因为1993年柬埔寨首次通过全国大选成立柬埔寨王国,实现了国内政局的稳定,成为东盟10国中最后一个实现政局稳定的国家,因此这里我们选取1993作为研究的时间起点。

如图4-3所示,从GDP的增长趋势来看,自1993年以来,总体来说,中国和东盟国家经济增长大致经历了5个阶段。第一阶段为1993年至1996年,这一阶段虽然部分国家经济增长呈上升趋势,部分国家呈下降趋势,但是总体上来说各个国家经济增长率都保持在5%左右,并且呈现一种趋同的趋势。这一阶段虽然各个国家间已展开一定规模的国际贸易，但是由于生产力条件较低，贸易水平仍然处于一个较低的层次。

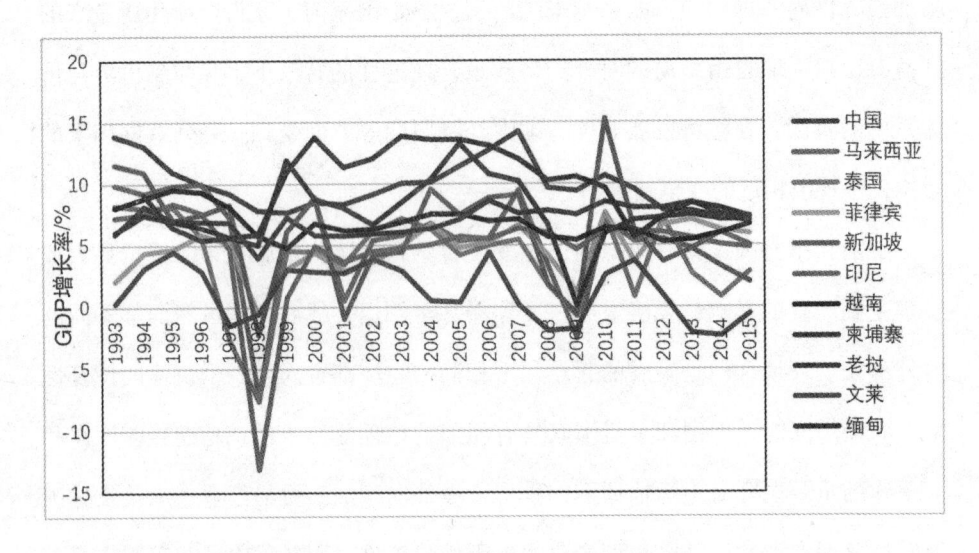

图 4-3 中国和东盟国家经济增长趋势

第二阶段为 1997 至 1999 年，这一阶段各国经济增长呈现 V 字形特征。1997 年的亚洲金融危机严重地影响到中国和东盟国家经济的发展，在这一阶段，各个国家经济增长的速度迅速下滑，泰国、印度尼西亚、马来西亚、越南、文莱等国家受到的影响最大，在 1997 至 1998 年这些国家的经济几近陷入崩溃，印度尼西亚 1998 年经济下降了 13.13%，虽然中国、菲律宾、新加坡、缅甸等国家的经济在这一阶段保持了正的增长，但是增长率较前一阶段都呈明显下降的趋势。直到 1999 年，各个国家才从金融危机中逐步走出来，经济开始逐渐复苏。

第三阶段为 2000 年至 2007 年，这一阶段各国经济保持了一个较为长期的稳定增长状态。但是不同的国家在这一阶段的增长速度存在明显的差异。缅甸、中国、柬埔寨一直保持较为高速的经济增长率，特别是缅甸和中国在这一阶段的经济增长率一直维持在 8% 以上，并且一多半时间的经济增长率超过了 10%。越南、老挝经济增长率一直维持在 6% ~ 7% 之间。马来西亚、泰国、印度尼西亚、菲律宾的经济增长率则保持在 5% 左右。文莱从经济危机中复苏的最为缓慢，经济增长率一直在 3% 左右徘徊。

第四阶段为 2008 年至 2012 年，这一阶段各国经济增长呈现出 W 形特征。受到 2008 年美国次贷危机的影响，中国和东盟国家经济增长都呈现下滑的态势，在 2009 年经济下滑到谷底。各国为了迅速走出经济危机的阴影，纷纷采取积极的财政和货币政策来提振本国居民投资和消费的信心，促进经济的发展，这样，2010 年各国经济都实现了恢复性增长，但是 2011 年各国经济出现小幅的下滑，直到 2012 年才逐渐恢复到 2010 年的增长水平。

第五阶段为 2013 年至 2015 年，总体来看，这一个阶段各国经济增长普遍呈现下滑的趋势。在这个时期，世界经济进入一个大的转型期，美国、中国、欧盟、日本等国家经济增长开始减慢，国际上贸易保护主义抬头，由于中国和东盟国家的经济增长对外贸的依赖程度较强，因此，这一阶段各个国家经济增长普遍下滑，各国维持 7% 的增长率已非常困难。

如图 4-4 所示，从人均 GDP 的增长趋势来看，中国和东盟国家人均 GDP 的增长与 GDP 的增长具有高度相似的特征，同样受到世界经济形势和多种共同因素的影响，在 2013 年之后表现出一致下降的趋势。

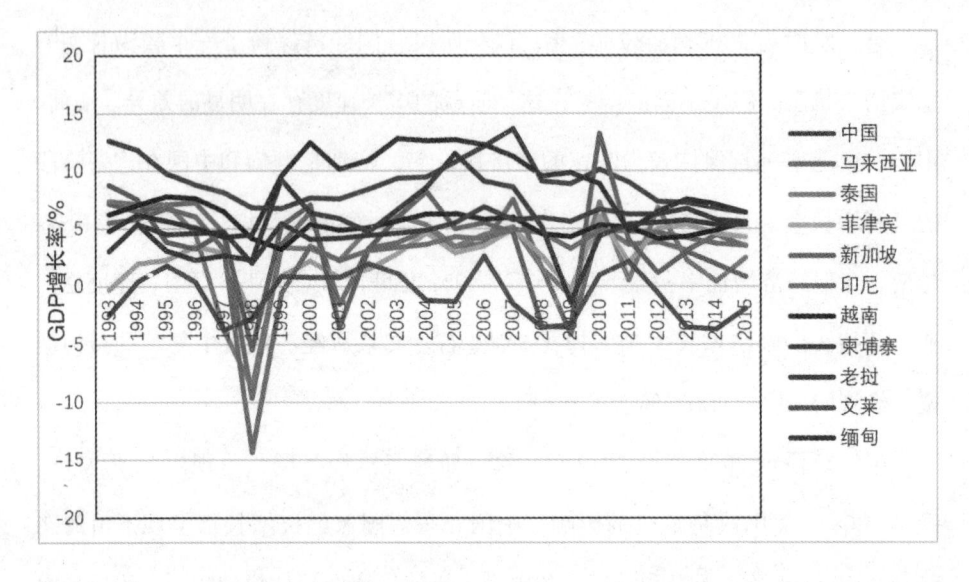

图 4-4　中国和东盟国家人均 GDP 增长趋势

4.2　中国与东盟国家贸易发展状况

中国和东盟国家的国际贸易包括东盟国家的对外贸易、中国的对外贸易、东盟国家内部贸易以及中国和东盟国家的贸易等 4 种情况。

4.2.1　贸易状况及趋势

第一，从东盟国家的对外贸易来看，如表 4-1 所示，2015 年东盟国家进出口贸易总额为 22 764.4 亿美元，比 2010 年的 20 091.2 亿美元增加了 2 673.2 亿美元，增长了 13.31%，年均增长 2.66%，其中出口总额为 11 852.4 亿美元，比 2010 年的 10 516.1 亿美元增加了 13 36.3 亿美元，增长了 12.71%，年均增长

2.54%，进口总额为10 912亿美元，比2010年的9 575.1亿美元增加了1 336.9亿美元，增长了13.96%，年均增长2.79%。可见，东盟国家的总体对外贸易保持了较为稳定的增长速度，进出口每年都以2.5%左右的速度稳步增加。

从国别来看，越南和缅甸自2010年以来对外贸易发展迅速，5年之间对外贸易总额翻了一番还多；老挝每年的对外贸易额也有10%的增长；文莱、菲律宾5年内对外贸易总额增长了17%左右；马来西亚、泰国、新加坡的增长速度较慢，都在10%以下；而印度尼西亚则出现了负增长。可见，经济较为落后的国家，在对外贸易方面则保持了较高的增长的速度，而较富裕国家的对外贸易增速则远远落后于欠发展的国家。

表4-1 东盟国家贸易发展状况

单位：亿美元

国家	出口 2010年	出口 2015年	增长/%	进口 2010年	进口 2015年	增长/%	总额 2010年	总额 2015年	增长/%
马来西亚	1 647.3	1 759.6	6.82	1 988	1 998.7	0.54	3 635.3	3 758.3	3.38
菲律宾	582.3	703	20.73	514.3	586.5	14.04	1 096.6	1 289.5	17.59
泰国	1 897.3	2 027.5	6.86	1 953.1	2 144	9.77	3 850.4	4 171.5	8.34
印尼	1 356.6	1 427	5.19	1 577.8	1 502.8	-4.75	2 934.4	2 929.8	-0.16
新加坡	3 107.9	2 967.7	-4.51	3 518.7	3 663.4	4.11	6 626.6	6 631.1	0.07
文莱	23.8	41.8	75.63	86.2	87.1	1.04	110	128.9	17.18
越南	848	1 657.3	95.44	721.9	1 620.1	124.42	1 569.9	3 277.4	108.76
老挝	20.8	30.5	46.63	24.3	37.1	52.67	45.1	67.6	49.89
缅甸	42	168.4	300.95	76	114.3	50.39	118	282.7	139.58
柬埔寨	49	129.3	163.88	55.8	98.3	76.16	104.8	227.6	117.18

数据来源：ASEAN Community in Figures 2011和2016，《中国统计年鉴》2011和2016。

第二，从中国的对外贸易来看，2015年中国进出口贸易总额为39 530.33亿美元，比2010年的29 739.98亿美元增加了9 790.35亿美元，增长率为32.92%，年均增长6.58%，其中出口总额为22 734.68亿美元，比2010年的15 777.54亿美元增加了6 957.14亿美元，增长率为44.1%，年均增长8.82%，进口总额为16 795.65亿美元，比2010年的13 962.44亿美元增加了2 833.21亿美元，增长率为20.29，年均增长4.06%。可见，中国自2010年以来，无论是国际贸易增长量还是增长速度都远高于东盟整体。

第三，从东盟国家内部贸易来看，1992年东盟6国（泰国、印度尼西亚、马来西亚、菲律宾、新加坡、文莱）签署了成立东盟自由贸易区的协议（AFTA），目的在于加强东盟6国的贸易合作，减少并消除影响贸易发展的各种壁垒，形成一体化的经济发展格局，带动东盟6国经济的共同发展。之后随着各国贸易的飞速发展以及一体化程度的不断提高，东盟第三届非正式首脑会议宣布，将于2010年之前完成东盟原创始的6个国家的贸易自由化，而整体东盟10国也将于2015年实现贸易的自由化。在这样的协议下，2010年东盟创始国的泰国、印度尼西亚、马来西亚、菲律宾、新加坡、文莱实现了99%贸易商品的零关税。

如表4-2所示，2015年东盟内部实现进出口贸易总额为5 454亿美元，比2010年增加256亿美元，增长率为4.93%，其中出口3 062亿美元，比2010年增加382亿美元，增长率为14.25%，进口2 392亿美元，比2010年减少126亿美元，增长率为-5%。可见东盟内部贸易总体上呈上升趋势，以每年接近一个百分点的速度增加。从国别来看，柬埔寨自2010年以来与东盟内部各国的进出口贸易增长速度最快，平均每年增长24%，缅甸、老挝、越南、文莱也都保持了较高的增长率，平均每年的增长都超过了10%，泰国和马来西亚虽然增长率不如前述国家高，但是也都保持了正的增长，而菲律宾、印尼和新加坡则出现了负增长，可见随着世界经济增长出现乏力，东盟国家内部贸易增长受到极大的影响。

表 4-2 2010 和 2015 东盟国家内部进出口统计

单位：亿美元

国家	出口 2010	出口 2015	增长/%	进口 2010	进口 2015	增长/%	总额 2010	总额 2015	增长/%
马来西亚	505	562	11	448	467	4	953	1 029	8
菲律宾	116	85	−27	163	171	5	279	256	−8
泰国	443	619	40	423	429	1	866	1 048	21
印尼	333	336	1	471	300	−36	804	636	−21
新加坡	1 113	1 183	6	787	637	−19	1 900	1 820	−4
文莱	11	17	55	12	19	58	23	36	57
越南	103	181	76	163	238	46	266	419	58
老挝	12	27	125	14	17	21	26	44	69
缅甸	37	43	16	20	70	250	57	113	98
柬埔寨	7	9	29	17	44	159	24	53	121
合计	2 680	3 062	14.2	2 518	2 392	−5	5 198	5 454	4.93

数据来源：*ASEAN Community in Figures* 2011 和 2016。

2015 年东盟内部各成员国之间出口额最高的前三类商品为：电机、电气设备及其零件；录音机及放声机、电视图像、声音的录制和重放设备及其零件、附件；矿物燃料、矿物油及其蒸馏产品；沥青物质；矿物蜡；锅炉、机器、机械器具及其零件。三类产品出口总额达 1 650.4 亿美元，占总出口额的 53.9%。而 2015 年东盟国家内部各成员国之间进口额度最高的前三类商品同样为电机、电气设备及其零件；录音机及放声机、电视图像、声音的录制和重放设备及其零件、附件；矿物燃料、矿物油及其蒸馏产品；沥青物质；矿物蜡；锅炉、机器、机械器具及其零件。三类产品进口总额达1 324亿美元，占总进口额的55.3%。说明东盟国家内部贸易主要以低端电子、电器产品、工业原料和机械产品为主，农产品和高科技产品的内部需求较弱。

从东盟成员国内部贸易占总对外贸易的比重来看，内部出口占总出口的比例自2010年以来没有发生大的变化，始终保持在25%左右，内部进口占总进口的比例则表现出下降的趋势，从2010年的26.3%下降到2015年的21.92%，平均每年下降约1个百分点，内部进出口占总进出口的比例则出现了较大幅度的下降，平均每年下降2.4个百分点，从2010年的36.49%下降到2015年的23.96%。从国别来看，老挝、缅甸、文莱、柬埔寨自2010年至2015年与东盟国家内部贸易占总贸易的比例呈现上升的趋势，而马来西亚、菲律宾、泰国、印尼、新加坡、越南则出现了明显的下降趋势，整体上下降的国家要多于上升的国家，说明东盟国家由于发展阶段和经济结构存在的差异，其对东盟内部贸易的依赖性也有较大的不同，越是贫穷、经济规模越小的国家，其对东盟自身贸易的依赖性越大，而经济实力较强的国家则更加依赖更大层面上的国际贸易。从占比情况来看，老挝、缅甸对东盟内部贸易的依赖性较强，其与东盟内部国家的进出口贸易占总贸易的比重最大，超过了40%，而越南对东盟内部国家的进出口依赖性最小，2015年越南与东盟内部国家的贸易额只占其总贸易额的12.79%，而其余的马来西亚、菲律宾、泰国、印度尼西亚、新加坡、文莱、柬埔寨等国与东盟内部的贸易额基本都占到其贸易总额的五分之一以上，占比虽然不如老挝和缅甸那么大，但是足见东盟内部贸易对各个国家的影响。

表 4–3 东盟内部进出口占比情况

单位：%

国家	内部出口占总出口比例 2010年	内部出口占总出口比例 2015年	内部进口占总进口比例 2010年	内部进口占总进口比例 2015年	内部进出口占总进出口比例 2010年	内部进出口占总进出口比例 2015年
马来西亚	25.4	28.11	27.2	26.53	38.65	27.38
菲律宾	22.57	14.48	28.01	24.32	36.81	19.84
泰国	22.68	28.87	22.3	21.15	33.66	25.12
印尼	21.1	22.36	34.71	21.02	44.59	21.71
新加坡	31.63	32.3	25.32	21.46	44.19	27.45
文莱	12.79	19.54	50	45.24	21.7	27.91
越南	14.27	11.17	19.22	14.36	14.32	12.79
老挝	50	72.97	66.67	54.84	48.15	64.71
缅甸	48.68	37.72	47.62	41.67	30.98	40.07
柬埔寨	12.5	9.18	34.69	34.11	16.9	23.35
合计	25.48	25.84	26.3	21.92	36.49	23.96

数据来源：*ASEAN Community in Figures* 2011 和 2016。

第四，从中国和东盟国家的贸易来看，东盟是中国第二大进口来源地和第四大出口市场，东盟多年保持我国第三大贸易伙伴地位，我国也连续多年成为东盟第一大贸易伙伴国。2010年东盟向中国出口1 129.17亿美元，从中国进口1 189.39亿美元，2015年东盟向中国出口1 946.8亿美元，从中国进口2 774.9

亿美元,出口和进口在5年内分别增长了72.41%和133.3%,无论是进口还是出口都保持了飞速的发展状态。

表4-4 东盟国家对中国的进出口情况

单位:亿美元

国别	进口 2010年	进口 2015年	增长/%	出口 2010年	出口 2015年	增长/%	总额 2010年	总额 2015年	增长/%
马来西亚	504	259.9	−48.43	238	331.6	39.33	742	591.4	−20.3
菲律宾	162.22	189.76	16.98	115.4	266.73	131.14	277.62	456.5	64.43
泰国	331.96	372.1	12.09	197.41	382.9	93.96	529.37	755.7	42.75
印尼	207.97	198.88	−4.37	219.55	343.42	56.42	427.5	542.3	26.85
新加坡	247.29	275.56	11.43	323.47	520.08	60.78	570.76	795.65	39.4
文莱	6.64	0.97	−85.39	3.68	14.09	282.88	10.32	15.06	45.93
越南	69.85	298.42	327.23	231.02	661.24	186.23	300.86	959.66	218.97
老挝	6.01	15.54	158.57	4.84	12.27	153.51	10.85	27.81	156.31
缅甸	9.66	56.2	481.78	34.76	96.5	177.62	44.42	152.8	243.99
柬埔寨	0.94	6.67	609.57	13.47	37.65	179.51	14.41	44.32	207.56

数据来源:*ASEAN Community in Figures* 2011和2016,《中国统计年鉴》2011和2016。

从国别来看,除马来西亚与中国的贸易出现下降外,其他各国都与中国保持了较快的贸易增长速度。2010年至2015年与中国贸易增长速度最快的国家包括缅甸、越南和老挝,增长率都超过了100%,缅甸和越南更是超过了200%,增长速度惊人。2015年中国成为缅甸第一大贸易伙伴、第一大出口市场和第一大进口来源地,是马来西亚第二大出口伙伴国、第二大进口来源地,新加坡也成为中国第十大贸易伙伴国。

4.2.2 贸易网络及强度

从上一部分的分析可见,自 2010 年以来,无论是东盟内部还是东盟与中国之间,抑或东盟和中国与世界各地的贸易,整体上都呈现出上升的趋势,贸易联系越来越紧密,贸易网络越来越复杂。本节主要分析中国和东盟国家自 2010 年以来贸易网络的演变趋势及强度,分析每个国家在这个被视为封闭网络中的地位和作用。

在进行数据整理的过程中,由于每个国家对进出口额的统计存在差异,出现一个国家对另一个国家进出口总额与对方国家的统计值存在不一样的现象,对数据的分析造成一定的影响,因此,为了分析的便利,将两个国家各自统计的进出口数据进行算术平均处理,将这个平均值视为两个国家之间的进出口总值。

在分析方法上,运用社会网络分析方法(social network analysis, SNA)对中国和东盟国家的贸易网络密度、网络中心性进行剖析。社会网络分析是一种针对节点和节点间关系的社会学分析方法,在多个研究领域均有广泛应用(Oliveira et al.,2012)。社会网络分析分为整体网络分析和个体网络分析。这里将中国和东盟国家视为一个封闭的整体,对这个整体进行整体网络分析。由于整体网络分析是建立在有向的二值数据基础上的,所以首先计算 2010 年 11 国贸易额的平均值,然后将两国进出口贸易额大于平均值的视为两国之间存在一条显著的网络线,而将小于平均值的视为不存在网络线,或者存在不显著的网络线,在贸易网络中不显示该线条,这样就形成了 2010 年 11 国的贸易网络图。为了对比分析,同样将 2015 年 11 国之间的进出口贸易额与该平均值进行对比,比其大的视为存在显著的网络线,否则视为不存在。

这里选用网络密度来表示整体网络的密集度,用贸易依存度来衡量国家间贸易的强度,用网络的程度中心性来分析整体贸易网络中每个国家的重要性。

网络密度反映了网络中各个国家间联系的紧密度,密度越大表示联系越紧密,整体网络越稳定,反之则网络联系松垮,贸易往来较弱。其计算公式为

$$D_n = \frac{L}{N \times (N-1)} \qquad (4-1)$$

其中:N 为网络节点的数量;L 为网络中显著的贸易关系的数量。

贸易依存度表示一国与另一国贸易的依赖程度,用该国与另一国进出口贸易额与该国的 GDP 的比值来求得。

网络的程度中心性是社会网络分析中的常用指标,是指与网络中某个节点相关联的其他节点的数量,在本研究中就是与一国存在显著的贸易关系(进出口额大于平均值)的国家的数量,这个数量越大,程度中心性越大,那么这个国家在整体网络中的地位和作用就越强。在实际分析中则采用标准化的程度中心性来做具体分析,即用与该节点相关联的节点数量除以可能相关的最大节点数量。其计算公式为

$$D_e = \frac{n}{N-1} \qquad (4-2)$$

其中:n 与某节点直接相关的节点数;N 为最大可能直接相关的节点数。

从网络密度来看,2010 年中国和东盟国家进出口贸易网络的网络密度为 0.24,而 2015 年的网络密度为 0.27,5 年间增长了 0.03。总体来看,中国和东盟国家贸易往来越来越频繁,贸易商品总量不断增加。

从网络的演变来看，2010年进出口贸易额大于平均值的国家有7个，分别为中国、新加坡、马来西亚、印度尼西亚、泰国、菲律宾和越南，而老挝、文莱、柬埔寨、缅甸4国由于与其他国家的进出口贸易额较小，未能出现在整体网络图中。在这个网络中，中国和新加坡成为明显的核心国家。2015年进出口贸易额大于平均值的国家增加到8个，缅甸与中国的进出口贸易额的增加超过了平均值，成为整体贸易网络图中的一员。中国以7对显著的贸易关联关系成为整体贸易网络中的唯一核心，新加坡和泰国成为第二梯队，马来西亚、印度尼西亚成为第三梯队，菲律宾和缅甸成为第四梯队。

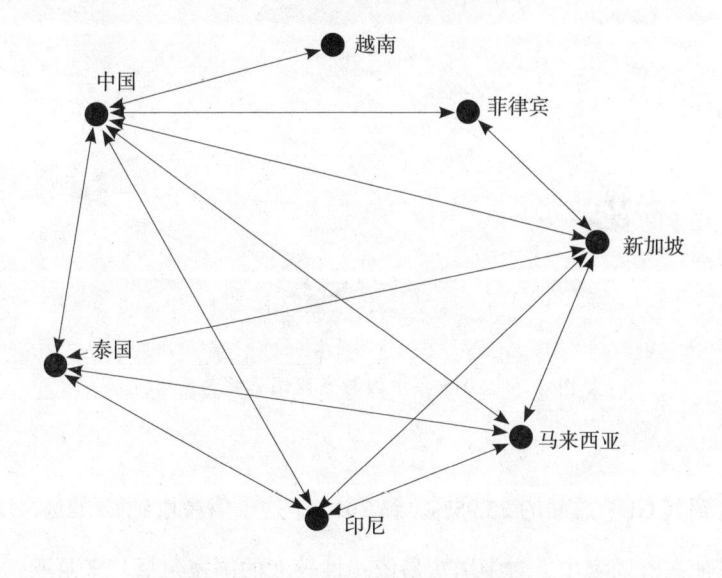

图4-5 2010年中国与东盟国家贸易网络

从贸易依存度来看，中国对东盟10国的贸易依赖度都非常小，除了2010年与马来西亚、2015年与越南的进出口贸易占到GDP的1%以上外，与其他国家的进出口贸易占GDP的比重在这两个观察年份中均在1%以下，说明中国对东盟国家贸易的依赖性较小,但是随着时间推移,这种依赖性出现小幅的上升趋势。东盟10国对中国的贸易依赖性全部大于中国对东盟国家的贸易依赖性,在这10个国家中,越南对中国贸易的依赖性最强,2010年越南与中国的进出口

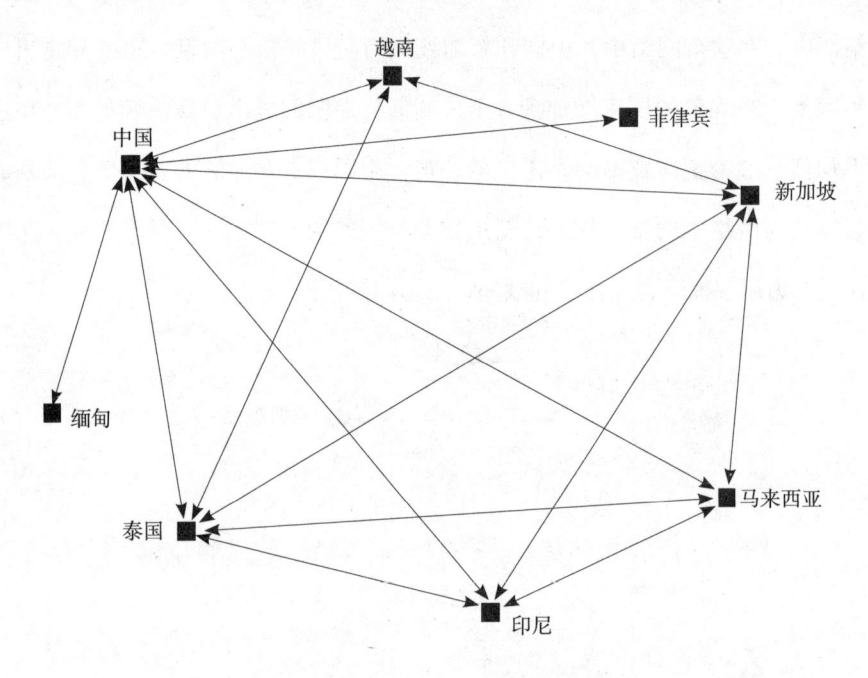

图4-6 2015年中国与东盟国家贸易网络

贸易额占到其GDP总额的25.95%,到2015年这个值激增到62.11%,增速非常之快。其他东盟国家中,对中国贸易依赖性较大的国家包括马来西亚、新加坡、柬埔寨等,这些国家与中国的贸易对其经济发展的影响也都非常显著。从东盟内部来看,马来西亚与新加坡之间形成了较为紧密的经贸联系,这两个国家间的贸易往来是东盟国家中最为紧密的,两个国家间的进出口贸易对各自的经济发展都产生了显著的影响。老挝、柬埔寨对泰国的贸易依存度较高,特别是老

挝对泰国的贸易依存度从 2010 年的 40.48% 上升到 2015 年的 54.08%。新加坡对印度尼西亚的贸易依存度也较高。而文莱、越南、缅甸等国既对其他国家的贸易依赖性不大，其他国家对其贸易依赖性也较小，是因为这些国家经济发展较为落后，本身对外贸易需求就较小，再加上自身产品生产能力低下，除了部分农产品和资源型产品之外，很少有可以出口的商品。这样在东盟国家内部就形成了马来西亚、新加坡、印度尼西亚和泰国、老挝、柬埔寨两个贸易联系紧密的团体。

表 4-5　中国和东盟国家贸易依存度

单位：%

国家	年份	中国	马来西亚	菲律宾	泰国	印尼	新加坡	文莱	越南	老挝	缅甸	柬埔寨
中国	2010	—	1.22	0.46	0.87	0.70	0.94	0.02	0.49	0.02	0.07	0.02
	2015	—	0.66	0.51	0.85	0.61	0.89	0.02	1.08	0.03	0.17	0.05
马来西亚	2010	29.10	—	2.09	8.27	6.43	24.23	0.20	2.28	0.01	0.18	0.08
	2015	17.92	—	1.53	6.71	4.68	14.83	0.25	2.82	0.01	0.29	0.12
菲律宾	2010	13.91	2.67	—	3.29	1.70	7.30	0.00	1.19	0.00	0.01	0.01
	2015	17.17	1.41	—	2.52	1.41	3.21	0.01	0.75	0.01	0.02	0.01
泰国	2010	15.53	6.18	1.93	—	3.68	5.62	0.07	2.06	0.85	1.25	0.50
	2015	19.25	5.58	2.10	—	3.63	4.02	0.21	3.26	1.44	1.95	1.41
印尼	2010	5.66	2.17	0.45	1.66	—	5.55	0.10	0.43	0.00	0.08	0.03
	2015	5.49	1.64	0.47	1.38	—	3.10	0.02	0.60	0.00	0.08	0.05
新加坡	2010	24.14	26.14	6.16	8.10	17.74	—	0.46	3.22	0.01	0.56	0.62
	2015	27.72	24.67	3.82	7.50	14.88	—	0.32	5.48	0.03	0.90	0.39

续表

国家	年份	中国	马来西亚	菲律宾	泰国	印尼	新加坡	文莱	越南	老挝	缅甸	柬埔寨
文莱	2010	7.53	3.63	0.07	1.66	5.30	7.85	—	0.18	0.00	0.00	0.01
文莱	2015	11.04	7.16	0.24	4.91	1.39	4.94	—	0.62	0.00	0.00	0.00
越南	2010	25.95	5.03	2.04	6.05	2.77	6.57	0.02	—	0.42	0.11	1.05
越南	2015	62.11	5.02	1.89	7.41	3.62	6.01	0.05	—	0.72	0.28	2.16
老挝	2010	15.22	0.24	0.00	40.48	0.08	0.36	0.00	6.90	—	0.53	0.03
老挝	2015	26.70	0.17	0.15	54.08	0.09	0.70	0.00	10.66	—	0.01	0.25
缅甸	2010	8.97	0.90	0.06	8.62	0.56	2.67	0.00	0.25	0.08	—	0.00
缅甸	2015	21.66	1.37	0.08	10.87	1.10	3.66	0.00	0.61	0.00	—	0.01
柬埔寨	2010	12.82	1.85	0.09	15.11	1.78	13.12	0.01	10.78	0.02	0.00	—
柬埔寨	2015	27.87	2.02	0.17	12.00	2.20	3.53	0.01	7.00	0.16	0.03	—

从各国的程度中心性来看，中国和东盟国家自 2010 年以来，各国的程度中心性整体格局并未发生大的变化。2010 年程度中心性前 5 位的国家并未发生改变。2010 年排在第 7 位的越南跃升到 2015 年的第 5 位，而第 6 至 11 位的排序并未发生改变，而是顺应推后一位。

在变化趋势方面，中国的程度中心性有了较大的提高，从 39.46% 上升到 45.24%，属于增速较快的国家，而且中国在 2010 年和 2015 年两个观察年份中均排在所有 11 国的第一位，而且远超第二位的新加坡，甚至在 2015 年达到新加坡的将近两倍，这反映了我国与东盟国家经贸往来的飞速发展。这种强大的中心性说明，就中国和东盟国家组建的这个封闭网络来看，中国对东盟国家的经济影响力巨大，并且呈不断上升的趋势，成为这个网络的绝对核心。

表 4-6　中国和东盟在贸易网络中的程度中心性演变

国家	2010 年 值 / %	2010 年 排名	2015 年 值 / %	2015 年 排名
中国	39.46	1	45.24	1
新加坡	27.77	2	23.06	2
马来西亚	25.04	3	17.93	3
泰国	17.3	4	17.46	4
印尼	16.37	5	13.75	6
菲律宾	8.1	6	7.71	7
越南	7.81	7	14.71	5
缅甸	1.48	8	2.89	8
柬埔寨	0.84	9	1.25	9
老挝	0.61	10	1.01	10
文莱	0.48	11	0.44	11

新加坡、马来西亚在这个网络中的程度中心性 5 年来下降明显，这是由于这两国都属于外贸依赖型国家，随着国际贸易形势变差，对这两国的经济发展带来了较大的负面影响。经济发展水平较低的越南、柬埔寨、缅甸、老挝的程度中心性虽然都不高，但是都出现了较大幅度的增长，说明这些国家通过自身的发展，不断扩大对外贸易，使自身更好地融入区域经济发展中来，从而获得了开放经济和对外贸易所带来的好处，特别是越南，已经从东盟的边缘国家，逐渐向核心国家转变。

通过比较发现，中国和东盟国家的程度中心性存在明显的等级差异：中国远高于其他国家，成为这个网络的绝对中心，是高中心性国家；新加坡、马来西亚和泰国则属于中高等中心性国家；印度尼西亚和越南属于中等中心性国家；菲律宾、缅甸、柬埔寨、老挝和文莱则属于低中心性国家。这样就导致各个国家在整个网络中地位的分化：中国居于整个网络的核心地位，新加坡、马来西亚和泰国则属于东盟内部的核心地位,印度尼西亚和越南居于半边缘地位,其他的菲律宾、缅甸、柬埔寨、老挝和文莱则处于边缘地位,贸易影响力非常弱小。

4.2.3 贸易互补性与竞争性

产品和市场需求的差异是互补性的根源,而其同质化则是竞争性的来源。在国际贸易中产生互补性有两种主要情况:一种情况是如果一国的出口强项与另一国的出口强项存在较大的差异,那么这两个国家则存在互补性,或者如果一国主要的出口产品是另一国主要的进口产品那么这两个国家则存在贸易上的互补性,这种贸易的互补性通常称为产业间的互补性;另一种情况是,两个国家在出口商品结构上存在较强的相似性,但是在商品特点上存在较大的差异,这样也能够形成两国间贸易的较强互补性,这种贸易互补性通常被称为产业内互补。

4.2.3.1 贸易互补性与竞争性的来源

中国和东盟国家以及东盟国家内部在国际贸易上的互补性,来源于其不同的经济发展水平、产业结构和资源条件。

在经济发展水平方面,中国和东盟各国处于不同的发展阶段,相互间发展差异较大,特别是东盟内部各国,经济发展水平悬殊。中国虽然整体上还处于工业化中期向中后期过渡的阶段,但是中国国内经济发展水平差异较大,东部地区已经实现了工业化,并开始出现去工业化趋势,中部地区则大量承接东部产业转移,进入工业化快速发展阶段,而西部地区则还未进入工业化中期,这种发展的阶梯状态，造成我国市场需求的多样化，不仅需要先进的工业制成品，同样需要大量的原材料和初级产品，这就为东盟内部各个发展阶段的国家与我国开展对外贸易提供了可能，同时我国多样化的产品生产能力也为我国向东盟出口各类产品奠定了基础。而东盟内部各国发展差异也较大，如前文所述，东盟创始的6个国家，经济发展水平较高，特别是新加坡和马来西亚已经处于工业发展的中后期，而泰国、文莱、印度尼西亚等国则处于工业化快速发展时期，后来陆续加入东盟的越南、柬埔寨、老挝、缅甸等国则由于国内政治和历史原因仍处于工业化发展的起步阶段，因此，东盟内部由于经济发展水平的差异，无论是在产品生产方面，还是在商品的需求方面，都存在较强的互补性。

在产业结构方面，无论是产业内贸易还是产业间贸易，我国和东盟国家以及东盟国家内部都存在较强的互补性。自20世纪70年代以来，美国、欧洲和日本等发达国家和地区进入工业化后期阶段，大量的劳动密集型产业和加工贸易产业开始向周边国家转移，特别是亚洲"四小龙"利用自身地理区位优势，大量吸引发达国家转移出来的各类产业，从而实现了经济的飞速发展。至20世纪80年代中期和后期，这种产业转移达到高潮，而亚洲"四小龙"吸引产业转移的能力已几近饱和，因此，这个阶段发达国家产业转移的目的地开始向具有更大市场、更廉价要素资源的中国内地和东盟国家转变。这些国家通过承接发达国家的落后产业，实现了自身的经济发展，特别是制造业在这一时期得到了快速的发展，实现了国内产业的升级。这样由于中国和东盟国家在承接国际产业转移过程中处于不同的阶段，所以也形成了产业结构的不同特点。新加坡、马来西亚等国属于国际产业转移开始时的目标国，因此经济发展水平最高，形成了以高端制造业和服务业为主的产业结构；而我国和泰国、菲律宾等国家属于国际产业转移高峰时期的核心目标国,属于第二层次的产业转移国家,因此在经济发展水平方面落后于新加坡和马来西亚,在产业结构上,目前来看,也主要以制造业为主,但服务业和高端制造业发展迅速,有赶超新加坡和马来西亚的趋势;未赶上发达国家产业转移的越南、老挝、柬埔寨、缅甸等国,从目前来看并未实现国内的工业化,而且随着中国、马来西亚、新加坡等国产业结构的调整,其淘汰的落后产业开始向这些国家转移,这些国家成了第三批的产业转移目标国。从国际产业转移的整个过程来看,中国和东盟国家处在这个过程的不同阶段,因此产业结构也对应这个阶段处于不同的水平。综上,虽然在中国和东盟国家内部在国际产业转移的各个阶段都有几个对应的国家,而处在相同阶段的国家在产业结构方面存在一定的竞争性,但是总体来看,分属于不同阶段的国家在产业结构方面互补性大于竞争性。

从资源条件来看,中国和东盟国家在自然资源条件方面差异巨大,互补性非常强。旅游资源方面,我国大部分国土处于亚热带和温带大陆地区,自然地貌呈现明显的大陆性特征,而东盟国家则多属于热带地区,在旅游资源方面则以热带雨林和热带岛屿为主,因此,两者在旅游资源方面差异较大。同时东盟国家内部虽然都属于低纬度地区,但是大部分国家国土面积较小,旅游资源有限,要实现旅游产业的大发展,建立旅游联盟是必经之路。因此,中国和东盟国家以及东盟内部在旅游资源方面存在较强的互补性。能源资源方面,东盟众多国家都围绕我国南海,而我国南海海底蕴藏着丰富的石油和天然气资源,东盟国家中的印度尼西亚是东南亚唯——个加入欧佩克的国家,而且是世界第16大产油国和最大的天然气生产国,文莱和越南也是世界重要的石油与天然气生产国。由于我国经济的飞速发展,石油和天然气需求与日俱增,已经成为世界最大的能源消费国，而我国石油与天然气产量又不能满足我国市场需求，需要大量的进口，这就为我国与东盟国家在石油贸易方面开展合作创造了条件，而实际上，我国与东盟国家已经建立起了非常紧密的能源贸易关系，越南、印度尼西亚和马来西亚是我国重要的石油进口国，泰国、印度尼西亚则是我国重要的天然气进口国，缅甸成为我国陆上石油运输的重要通道国家，可见，我国与东盟国家在能源合作方面存在极强的贸易互补性。然而东盟国家内部在能源贸易方面则存在一定程度的竞争，但是由于东盟国家能源需求相对较小，其竞争主要体现在对国际市场的占有方面，内部市场之间竞争较小。除了旅游资源和能源资源外，中国和东盟国家在农林产品贸易方面也存在较强的互补性。橡胶、木材和木制品、粮食、水果、蔬菜是我国从东盟国家进口的主要农林产品，同样我国的粮食、温带水果和蔬菜也大量出口到东盟国家。

4.2.3.2 贸易互补性与竞争性实证分析

为了进一步分析中国和东盟国家贸易的竞争与互补程度，这里引入相似性指数，该指数衡量了一国与另一国在贸易商品结构上的相似程度，能够反映两国贸易的互补性和竞争性。其计算公式为

$$\mathrm{CS}_{ij} = 1 - \frac{1}{2}\sum_{k=1}^{n}|x_{ki} - x_{kj}| \qquad (4-3)$$

其中：CS_{ij} 表示对外贸易的相似性指数；x_{ki} 表示商品 k 的贸易额占 i 国总贸易额的比重；x_{kj} 表示商品 k 的贸易额占 j 国总贸易额的比重。在具体分析时，可以用两国的在某种商品上的进口额来代替贸易额，以更详细地分析两国在进出口方面的互补性和竞争性。如果两个国家具有相同的贸易商品结构，那么该系数

的值为1，表示两国在对外贸易上存在激烈的竞争。如果两个国家具有完全不同的贸易商品结构，那么该系数的取值为0，说明两个国家在对外贸易上存在互补性。通常情况下，两个国家贸易商品的相似性指数介于0和1之间，越接近0，表示两国贸易互补性越强，越接近1，表示两国贸易竞争性越强。这里我们采用联合国数据中心商品贸易统计数据库的BEC分类产品分别计算中国和东盟国家进口与出口贸易的商品相似性指数。由于缅甸、老挝、文莱三个国家缺乏相关的统计数据，为了分析的方便，只分析除这3个国家外的其他国家间进出口贸易的商品相似性指数。

表4-7给出了2010年和2015年中国和东盟国家进口商品的相似性指数。从表中可知，中国与东盟主要国家在进口商品上相似性指数较高，普遍在0.8左右，表明中国和东盟国家在进口商品方面存在一定的竞争性，随着时间的推移，这种相似性变化幅度较小，总体来看是一种稳定的状态。中国与柬埔寨在进口商品方面互补性最强、竞争性最弱，与印度尼西亚和菲律宾竞争性最强、互补性最弱，这与上文的分析结论相一致；从东盟内部来看，马来西亚、菲律宾、泰国、印度尼西亚与各国进口商品的相似性指数较高，存在较强的竞争性，而新加坡、越南、柬埔寨与各个国家进口商品的相似性指数较低，相对而言互补性更强，这是因为新加坡属于典型的外贸依赖型国家，与其他国家在进口结构方面存在较大的差异，而越南和柬埔寨则属于欠发达国家，同样与其他发展水平较好的国家存在较大的进口需求差异。从趋势上来看，菲律宾、泰国、越南与各国的进口商品的相似性指数有增大的趋势，表明这3国与东盟国家的进口竞争性越来越大，柬埔寨与东盟各国的进口商品相似性指数则呈下降的趋势，表明柬埔寨在更好地融入东盟这个整体中。

表 4-7　2010 年和 2015 年中国和东盟国家进口商品的相似性指数

国家	年份	中国	马来西亚	菲律宾	泰国	印尼	新加坡	越南	柬埔寨
中国	2010	0.00	0.86	0.88	0.86	0.90	0.78	0.80	0.66
	2015	0.00	0.83	0.94	0.89	0.88	0.81	0.86	0.57
马来西亚	2010	0.86	0.00	0.78	0.81	0.90	0.73	0.81	0.67
	2015	0.83	0.00	0.84	0.78	0.90	0.73	0.84	0.66
菲律宾	2010	0.88	0.78	0.00	0.90	0.81	0.80	0.75	0.61
	2015	0.94	0.84	0.00	0.94	0.89	0.83	0.87	0.58
泰国	2010	0.86	0.81	0.90	0.00	0.84	0.84	0.70	0.56
	2015	0.89	0.78	0.94	0.00	0.86	0.84	0.81	0.56
印尼	2010	0.90	0.90	0.81	0.84	0.00	0.76	0.85	0.72
	2015	0.88	0.90	0.89	0.86	0.00	0.79	0.86	0.66
新加坡	2010	0.78	0.73	0.80	0.84	0.76	0.00	0.62	0.49
	2015	0.81	0.73	0.83	0.84	0.79	0.00	0.72	0.47
越南	2010	0.80	0.81	0.75	0.70	0.85	0.62	0.00	0.84
	2015	0.86	0.84	0.87	0.81	0.86	0.72	0.00	0.70
柬埔寨	2010	0.66	0.67	0.61	0.56	0.72	0.49	0.84	0.00
	2015	0.57	0.66	0.58	0.56	0.66	0.47	0.70	0.00

表 4-8 给出了 2010 年和 2015 年中国和东盟国家出口商品的相似性指数。从表中可以看出，中国与马来西亚、柬埔寨在商品出口方面存在较强的互补性，出口商品的相似性指数都在 0.5 左右，而与菲律宾、泰国、印度尼西亚和新加坡的出口商品相似性指数较高，一直维持在 0.7 左右，表明中国与这些国家在出口方面存在一定的竞争性，中国与越南出口商品的相似性指数在 5 年间增加了 0.18，是各个国家中增长最快的，越南与中国出口商品的相似性指数在 2015

年达到 0.83，是各个国家中最高的，这是因为随着中国要素成本的不断提高，大量的劳动密集型和资源密集型企业从中国转移到越南，然而由于越南人口和国土面积的限制，中国国内仍存在大量出口相似产品的企业，这样就形成了两个国家在出口商品方面的激烈竞争。从东盟内部来看，马来西亚与泰国出口商品的相似性指数较低，始终保持在 0.5 以下，说明两国在商品出口方面存在较强的互补性，柬埔寨与东盟国家出口商品的相似性指数都较低，是与东盟内部国家出口贸易互补性最高的国家，除此之外，马来西亚与新加坡出口商品的相似性指数也始终保持在 0.5 左右，出口贸易互补性也较强。而马来西亚、菲律宾、印度尼西亚、越南等国的出口商品相似性较高，存在一定的竞争性。从趋势上来看，各个国家出口商品的相似性指数普遍呈上升的趋势，只有柬埔寨与各国出口商品相似性指数呈下降的趋势，表明东盟国家内部发展条件较好的马来西亚、菲律宾、泰国、印度尼西亚、新加坡等国在出口方面竞争性越来越明显，这 6 国也正是东盟的创始国，而后来加入东盟的国家则开始后来居上，更多地享受到贸易带来的利益，因此，东盟创始 6 国如果要继续保持经济一体化和自由贸易带来的利益，必须实现更高层次的一体化，实现更加合理的国际产业分工。

表 4-8　2010 年和 2015 年中国和东盟国家出口商品的相似性指数

国家	年份	中国	马来西亚	菲律宾	泰国	印尼	新加坡	越南	柬埔寨
中国	2010	0.00	0.49	0.77	0.67	0.72	0.72	0.65	0.53
	2015	0.00	0.57	0.79	0.76	0.73	0.75	0.83	0.43
马来西亚	2010	0.49	0.00	0.66	0.37	0.70	0.52	0.68	0.51
	2015	0.57	0.00	0.67	0.47	0.69	0.52	0.60	0.36

续表

国家	年份	中国	马来西亚	菲律宾	泰国	印尼	新加坡	越南	柬埔寨
菲律宾	2010	0.77	0.66	0.00	0.66	0.75	0.83	0.65	0.36
	2015	0.79	0.67	0.00	0.75	0.75	0.82	0.75	0.27
泰国	2010	0.67	0.37	0.66	0.00	0.60	0.70	0.42	0.23
	2015	0.76	0.47	0.75	0.00	0.71	0.82	0.68	0.26
印尼	2010	0.72	0.70	0.75	0.60	0.00	0.60	0.63	0.49
	2015	0.73	0.69	0.75	0.71	0.00	0.63	0.76	0.32
新加坡	2010	0.72	0.52	0.83	0.70	0.60	0.00	0.52	0.29
	2015	0.75	0.52	0.82	0.82	0.63	0.00	0.68	0.26
越南	2010	0.65	0.68	0.65	0.42	0.63	0.52	0.00	0.60
	2015	0.83	0.60	0.75	0.68	0.76	0.68	0.00	0.49
柬埔寨	2010	0.53	0.51	0.36	0.23	0.49	0.29	0.60	0.00
	2015	0.43	0.36	0.27	0.26	0.32	0.26	0.49	0.00

对比中国和东盟国家进口商品的相似性指数与出口商品的相似性指数发现，出口商品的相似性指数普遍低于进口，说明中国和东盟国家在国内市场需求方面存在较强的相似性，而在出口产品类别方面差异性较大、互补性较强，然而国际贸易利益主要来自出口获得的外汇收入，因此，从国际收益来看，中国和东盟国家之间，以及东盟国家内部存在较强的贸易互补性。

4.2.4 贸易政策演化

4.2.4.1 东盟国家经济一体化进程演化

东盟是东南亚国家联盟的简称，东盟自成立到一步步发展壮大，也是经历了一个漫长的过程。1961年马来西亚、泰国和菲律宾3国通过协商成立了东南亚联盟，这是最早东盟的雏形。1967年泰国、马来西亚、印度尼西亚、菲律宾、新加坡5国联合发表了《东南亚国家联盟成立宣言》，这标志着东盟的正式成立。1976年《东南亚友好合作条约》的签订，使得东盟从最初的简单概念，发展到了实质性的促进经济贸易往来与发展的阶段。此后，东盟各国在政治、经济、军事等各个领域加强了实质性的合作，为今后东盟的发展壮大奠定了基础。根据东盟成立时签订的《东盟宣言》，东盟国家要不定期地召开各种级别的会议，以加强交流和合作，1991年东盟召开第23届经济部长会议，会议不仅签署了多项有利于各国经济贸易往来的合作文件，同时也决定通过15年的时间，建立一个真正自由的东盟市场。在1992年的东盟第四次首脑会议上，东盟明确提出了建立自由贸易区的目标，力争通过一系列的关税缩减、政策协调、管理创新等措施，真正实现东盟内部经济的一体化建设，进一步增强东盟在东亚乃至世界上的政治经济影响力。在1995年东盟第五届首脑会议上，东盟国家决定将自由贸易区建设的时间提早到2003年，并且会议还通过了《曼谷宣言》，进一步强调了各个国家要加强各领域合作，努力早日实现东盟的一体化。1997年东盟正式接纳缅甸、老挝为成员国，这是东南亚国家朝着政经一体化迈出的重要一步。1999年，柬埔寨加入东盟，这样东盟成了覆盖东南亚所有国家的政治经济合作组织。

2003年东盟签署《东盟协调一致第二宣言》，该宣言宣布东盟将于2020年建成集安全、经济、社会文化为一体的东盟共同体。2004年东盟首脑会通过了《万象行动计划》，该计划是东盟国家为推动一体化建设而做出的短期促进性行为，在该会议上，东盟国家还通过了《东盟社会文化共同体行动纲领》《东盟一体化建设重点领域框架协议》等一系列促进共同体建设的纲领性文件，并决定制定《东南亚国家联盟宪章》(简称《东盟宪章》)，为规范东盟国家行为、促进共同体建设寻找法律规范。为了早日实现一体化发展的目标，东盟国家决定于2002年开始，正式启动东盟自由贸易区建设，以消除国家间经济贸易往来的各种障碍。在自由贸易区建设的促进下，泰国、文莱、菲律宾等6国的关税水平已经于该年降至0%到5%的超低水平，柬埔寨、越南等国也承诺在2015年将东盟自由贸易区内的关税水平降低至该目标。2007年底，东盟国家正式通过了《东盟宪章》，这标志着东盟共同体的发展有了强有力的法律依据。宪章明确了东盟共同体包括社会文化、经济、安全三个方面，并且规定建成后的东盟共同体对外要目标一致、身份一致、声音一致。

2010年东盟通过了《东盟互联互通总体规划》，这是2015年实现东盟共同体的重要一步，该规划强调东盟国家要在基础设施、交通、通信等领域进一步加强合作，在贸易投资自由化、运输协议、跨境流通等领域开展项目合作，加强民间教育、文化、旅游方面的互联互通，从而真正实现实体、机构、民间的合作一体化。2012年，第21届东盟首脑会议将2015年12月31日设定为建立东盟共同体的最后期限。2015年，第27届东盟峰会在马来西亚首都吉隆坡举行，在峰会上，东盟国家通过了《吉隆坡宣言》，该宣言的发表，既标志着东盟共同体的建成，也描绘了到2025年东盟共同体发展的美好愿景。2016年第28届、29届东盟峰会在老挝的万象举行，会议上智利、埃及、摩洛哥正式宣布加入《东南亚友好合作条约》，这为东盟的扩大奠定了基础。该会议还正式宣布《东盟互联互通总体规划2025》《东盟一体化工作计划第三份倡议》正式启动。

东盟从成立到逐渐发展壮大，是一个缓慢的过程，虽然其间出现过发展缓慢甚至部分国家不作为的现象，但是经过各方的共同努力，目前东盟已经成为继欧盟和北美自由贸易区之后又一个影响世界经济格局的重要区域性组织。

4.2.4.2 中国和东盟合作历程演化

东盟国家自古以来就是中国通过海上通道与世界进行沟通的主要途经地区，在中国对外沟通联系、开展贸易往来方面具有重要的作用。东盟成立以后，中国就积极通过各种途径展开与东盟国家的合作往来。1991年时任我国外交部部长的钱其琛参加了第24届东盟外长会议开幕式，这拉开了中国和东盟正式交往的序幕。

1997年首次东盟与中国领导人非正式会议在马来西亚举行，会后双方发表了《中华人民共和国与东盟国家首脑会晤联合声明》，该声明确定了将建立面向21世纪的睦邻互信关系作为共同的政策目标。2001年，在第五次东盟－中国领导人会议上，时任国务院总理的朱镕基提出了建立中国－东盟自由贸易区的目标，并将自由贸易区的建立时间确定为10年。2002年中国和东盟签署了《中国与东盟全面经济合作框架协议》，该框架协议是建立中国－东盟自由贸易区的重要一步，是自贸区建设的法律基础，该框架协议规定了在货物、服务、投资等多个领域合作的规范和标准，并确定了中国和东盟国家彼此消减关税的比例和时间节点。此后中国和东盟又签订了《中国－东盟投资协议》，明确了中国和东盟国家进行双边投资的原则、优惠政策、争端解决机制等。在此之前，为了进一步加强双边服务贸易交往，中国和东盟国家还签署了《中国－东盟服务贸易协议》，带动服务贸易向更深层次、自由化的方向发展。通过上述三个协议的签订，中国和东盟国家对中国－东盟自由贸易区建设的核心内容有了法律上的规范和依据，从而实现了在2010年建成中国－东盟自由贸易区的目标。

2013年李克强总理提出了启动打造中国－东盟自由贸易区升级版的进程。希望在原产地规则、消减贸易壁垒、产品与技术标准制定、互联互通建设、检验检疫规则等方面进行更深层次的合作，从而打造出更加开放、自由、有活力的中国-东盟自由贸易区升级版。2015年中国和东盟国家签订《中华人民共和国与东南亚国家联盟关于修订〈中国-东盟全面经济合作框架协议〉及项下部分协议的议定书》，该议定书是对《中国与东盟全面经济合作框架协议》的全面升级，是双方根据经济发展的现实、世界经济发展的新环境以及各国进一步加强合作的强烈愿望而提出的。该协议根据2010年中国-东盟自由贸易区建设以来，在贸易、投资、人员流动、管理、争端解决机制等方面存在的问题和弊端而有针对性地对原协议进行的全方位修改和提高。该协议的签订，将为中国-东盟自由贸易区升级版的打造带来巨大的动力，为各方经济的发展带来新的机遇，为区域全面经济合作伙伴关系谈判和亚太自由贸易区的建立奠定了基础。

4.3 中国与东盟国家经济增长的溢出网络[①]

4.3.1 溢出网络的建立

东盟内部由于历史原因，部分国家国内政局极度不稳定，政治力量之间相互角逐，造成国内经济建设一直无法有序进行，对外贸易也处于较低的水平，经济统计工作处于搁置状态，除基本的统计信息外，大量统计数据缺失。鉴于研究数据的可得性，同时也为了分析的准确性，本研究选择1993年作为研究的

[①] 本部分内容曾发表于《经济问题探索》2017年第5期，题为《中国和东盟国家经济增长的空间关联及其动力》。

时间起点，因为1993年柬埔寨首次通过全国大选成立柬埔寨王国，实现了国内政局的稳定，成为东盟10国中最后一个实现政局稳定的国家。以2015年作为研究的时间终点，选择东盟10国和中国的人均地区生产总值（PGDP）作为研究变量，数据来源于世界银行数据银行的世界发展指标统计数据库。

由于时间序列数据存在一定的缺失，因此，首先有必要对缺失数据进行处理，采用前后3期的移动平均值作为缺失数据的替代值。同时，为了消除汇率水平变化对研究的影响，将所有时期的人均地区生产总值转换为以2010年不变价美元为基础的标准值。为了消除异方差对结果产生的影响，对所有变量做自然对数处理。时间序列数据回归的前提是序列平稳，然而现实经济数据经常存在非平稳的现象，因此首先对各序列进行单位根检验，检验结果如表4-9。

表4-9 ADF单位根检验结果

变量	检验类型(c,T,d)	t统计量	临界值	结论
$PGDP_{CN}$	($c, T, 1$)	-0.18	-3.00**	非平稳
$D_1(PGDP_{CN})$	($c, T, 7$)	-3.545	-3.00**	平稳
$PGDP_{MY}$	($0, T, 0$)	3.873	-1.95**	非平稳
$D_1(PGDP_{MY})$	($c, T, 0$)	-4.702	-3.00***	平稳
$PGDP_{TH}$	($0, T, 0$)	3.463	-1.95**	非平稳
$D_1(PGDP_{TH})$	($0, T, 0$)	-2.803	-2.66***	平稳
$PGDP_{PH}$	($c, T, 0$)	2.324	-3.00**	非平稳
$D_1(PGDP_{PH})$	($c, T, 0$)	-3.605	-3.00**	平稳
$PGDP_{SG}$	($0, T, 0$)	3.401	-1.95**	非平稳
$D_1(PGDP_{SG})$	($0, T, 0$)	-3.539	-2.66***	平稳
$PGDP_{ID}$	($0, T, 0$)	3.262	-1.95**	非平稳
$D_1(PGDP_{ID})$	($0, T, 0$)	-2.728	-2.66***	平稳

续表

变量	检验类型(c,T,d)	t 统计量	临界值	结论
PGDP$_{VN}$	(c, T, 0)	−2.522	−3.00**	非平稳
D_1(PGDP$_{VN}$)	(c, T, 1)	−3.508	−3.00**	平稳
PGDP$_{KH}$	(0, T, 0)	9.329	−1.95**	非平稳
D_1(PGDP$_{KH}$)	(c, T, 2)	−2.685	−2.63*	平稳
PGDP$_{LA}$	(c, T, 0)	3.464	−3.00***	非平稳
D_1(PGDP$_{LA}$)	(c, T, 0)	−2.709	−2.63*	平稳
PGDP$_{BN}$	(0, T, 0)	−1.018	−1.95**	非平稳
D_1(PGDP$_{BN}$)	(0, T, 1)	−4.243	−2.66***	平稳
PGDP$_{MM}$	(0, T, 0)	2.298	−1.95**	非平稳
D_1(PGDP$_{MM}$)	(0, T, 0)	−3.029	−2.66***	平稳

注：PGDP 表示各个国家人均地区生产总值的对数值，D_1（PGDP）表示对人均地区生产总值对数值进行一阶差分处理，下标 CN 代表中国，MY 代表马来西亚，TH 代表泰国，PH 代表菲律宾，SG 代表新加坡，ID 代表印度尼西亚，VN 代表越南，KH 代表柬埔寨，LA 代表老挝，BN 代表文莱，MM 代表缅甸。检验类型中的英文字母 c 代表常数项，T 代表趋势项，d 代表滞后期。* 表示 10% 显著性水平临界值，** 表示 5% 显著性水平临界值，*** 表示 1% 显著性水平临界值。

从结果看，11 国人均地区生产总值的对数值均没能通过 5% 显著性水平的 ADF 检验，为非平稳时间序列。经过一阶差分处理，所有国家的差分值则至少通过了 10% 显著性水平的 ADF 检验，成为平稳时间序列。所以，认为 11 个序列都为一阶单整序列，即 $I(1)$。因此，运用各序列的一阶差分值作为研究基础数据，建立 11 国的 VAR 模型。由于 VAR 模型对滞后阶数极为敏感，所以选用 LR、FPE、AIC、HQIC 和 SBIC 5 个参考标准来确定滞后阶数，并以上述标准中的 3 个结果一致的原则确定最佳滞后期。结果显示 5 个选择标准都支持一阶滞后，因此选择滞后一期进行 VAR 模型回归，并对回归进行 VAR 格兰杰因果关系检验，以 1% 显著性水平作为检验标准，通过检验即认为存在一对有向网络关系，共得到 45 对关系。

将 VAR 格兰杰因果关系检验的结果汇总成关系矩阵输入 UCINET 6.0 软件，得到中国与东盟国家经济增长空间关联网络图（见图 4-7）。从图中可得，中国和东盟 10 国经济增长共存在 45 对有向关系，这是 11 国经济增长溢出的通道。其中双向关联关系 8 对，单向关联关系 29 对，每个国家都有直接或间接通道与其他国家相连，因此，中国和东盟 10 国经济增长关联网络已经形成，经济增长溢出明显。

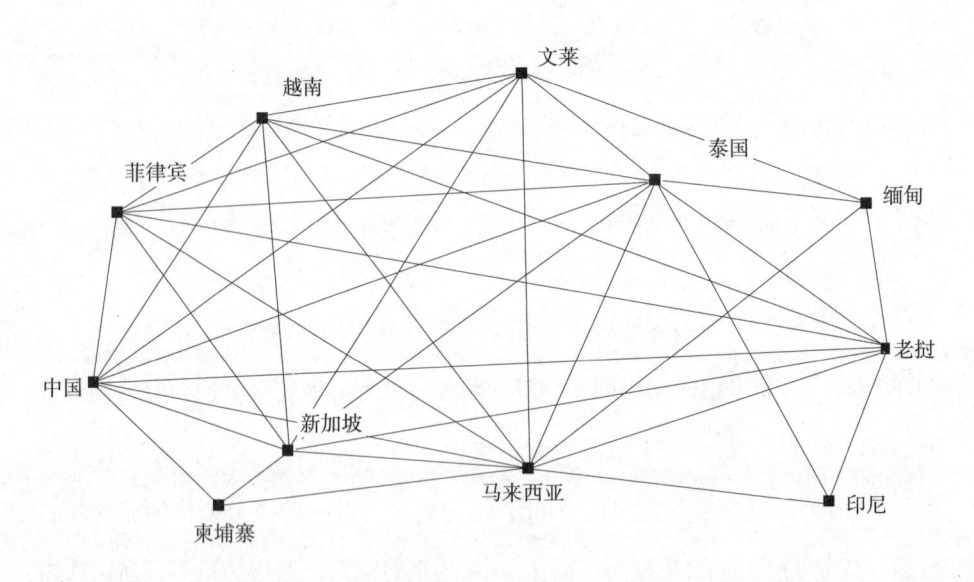

图 4-7 中国和东盟国家经济增长网络关系图

4.3.2 溢出网络特征

中国和东盟 10 国经济增长最大可能的空间关联关系为 110 对，而实际存在的关联关系为 45 对，据此计算整个经济增长溢出关系网的网络密度为 0.409 1。总体来看，11 个国家之间经济增长的关联性较强，经济增长的跨国溢出现象明显，但是还存在一定的提升空间。整个网络的网络关联度为 1，说明网络中不存在孤立的网络节点，网络连通性好，各个国家间均存在增长溢出效应。网络的等级度为 0.145，说明国家间的溢出效应较为均衡，不同经济发展水平的国家间均存在相互影响和溢出效应。

4.3.2.1 网络节点分析

根据度数中心度和中间中心度的定义，计算 11 国在经济增长网络中的度数中心度和中间中心度，结果如表 4-10 所示。表 4-10 表明，马来西亚和泰国的相对度数中心度处于前两名，中国、新加坡、老挝并列第三名，前三名合计共有 5 个国家，差不多占到整个网络节点的一半，说明整体来说 11 国的增长网络密度分布相对均衡。从中间中心度来看，马来西亚、越南、老挝对资源的控制能力较强，是跨国经济增长溢出的主要通道国家。综合相对度数中心度和中间中心度的结果来看，中国虽然与东盟国家间已经有了非常强的经济增长溢出关系（相对度数中心度为 80），但是并不处于整个经济增长溢出网络的中间位置（中间中心度为 9.4），中国经济增长的溢出和受益关系为不通过第三方的直接关系，对整个网络的控制作用有限。从受益和溢出关系的数量来看，新加坡和文莱从经济增长网络中获得净受益关系最多，而泰国和菲律宾则是净溢出关系最多的国家，成为网络中的溢出主体，中国则有 6 个受益关系、3 个溢出关系，总体受益关系为3,是网络中的受益主体。

表4-10 中国与东盟国家经济增长网络中心性分析

序号	国家	受益关系	溢出关系	关系总和	度数中心度	中间中心度
1	中国	6	3	9	80	9.4
2	马来西亚	5	8	13	100	23.87
3	泰国	2	8	10	90	2.53
4	菲律宾	2	6	8	70	1.4
5	新加坡	7	2	9	80	4.87
6	印尼	2	2	4	30	0
7	越南	5	5	10	70	25.53
8	柬埔寨	2	1	3	30	1
9	老挝	5	6	11	80	17.87
10	文莱	7	2	9	70	8.53
11	缅甸	2	2	4	40	0
12	均值	4	4	8	70	8.64

4.3.2.2 核心-边缘分析

世界体系理论认为,世界上的国家呈现核心－边缘的结构(Snyder et al., 1979)。之后国际贸易和经济地理学从经济学角度的分析也认为世界经济体系是一种核心－边缘的结构(Fujita et al., 2004)。实际上,由于生产成本的差异和资本逐利的本性,集聚效应普遍存在,这种集聚效应造成在各种地理空间尺度上的核心－边缘结构。通过核心－边缘分析,可以确定哪些节点处于结构中的中心地位，哪些处于边缘地位，从而确定中心节点对边缘节点的带动效应。本书运用 UCINET 6.0 软件中的核心 - 边缘模块（core/periphery），对中国与东盟国家经济增长的网络关系进行核心 - 边缘分析，结果如表 4-11 所示。

表 4-11　核心区与边缘区密度矩阵

	核心区	边缘区
核心区	0.528	0.222
边缘区	0.167	0

根据核心 - 边缘分析的结果，处于网络结构中核心位置的国家有 9 个，包括：中国、马来西亚、泰国、菲律宾、新加坡、印尼、越南、老挝、文莱，这 9 个国家间经济网络的密度达到 0.528（见表 4-11），高于整体网络密度（0.409 1）；处于边缘位置的国家有两个，包括：柬埔寨和缅甸。将参考概率从 0.5 调整到 0.6 和 0.7，分析结果并未发生改变，说明这个核心 - 边缘结构较为稳定。从表 4-11 可知，核心区对边缘地区的经济增长关联密度为 0.222，大于边缘区对核心区的经济增长关联密度 0.167，说明核心区对边缘区的扩散效应大于集聚效应，边缘区在整个网络中得到核心区经济增长的溢出效应。对比核心区与边缘区内部的密度值，发现核心区内的网络密度值（0.528）要远高于边缘区内的网络密度值（0），这是一种核心 - 边缘局部关联关系，即核心区成员间关系密切，而边缘区成员之间不存在任何关联关系，但是与核心区成员存在关联关系，说明中国与东盟国家已经形成了一个"双星拱月"的经济增长网络结构。

4.3.2.3 块模型分析

根据中国与东盟国家经济增长的网络关系图，进一步对网络关系进行块模型分析，以便确定各个国家在整个经济增长网络关系中的作用。利用UCINET 6.0软件的concor模块，选择最大分割深度2，收敛标准0.2，对整个增长网络进行板块分割，得到四个经济增长板块（如表4-12所示）。第一经济增长板块包括4个国家，分别是中国、越南、新加坡、文莱。第二经济增长板块包括1个国家：柬埔寨。第三个板块包括：印度尼西亚、马来西亚和缅甸。第四板块包括：菲律宾、泰国和老挝。

网络整体上有45对关系，其中四个增长板块之间共有31对关系，板块内部共有14对关系，板块之间的关系数量占总关系数量的68.9%，说明板块之间经济增长存在很强的溢出效应。第一个经济增长板块共有12对关系，其中内部9对，而接受其他板块的溢出关系有16对，因此，这一经济增长板块各国主要接受板块内部和其他板块国家的经济增长溢出效应，属于"主受益板块"；第二经济增长板块只对第一经济增长板块产生1对溢出关系，而并未接受其他板块国家经济增长的溢出效应，因此，这一经济增长板块与其他板块基本处于隔离的状态，是明显的"孤立板块"；第三经济增长板块共发出12对关系，其中板块内部关系有2对，向外溢出了10对关系，而接受了7对其他板块的溢出关系，因此，这一板块的国家在整个经济增长网络中担任"纽带"的角色，是典型的"经纪人板块"。第四经济增长板块共发出了20对关系，板块内部只有3对关系，而向外溢出了17对关系，接受了6对关系，因此，这一板块是"主溢出板块"，同时也部分担任了"经纪人板块"的角色。

表 4-12 四大板块溢出关系及板块特征

经济板块	第一版块	第二板块	第三板块	第四板块	成员数目	板块特征
第一板块	9	1	1	1	4	主受益板块
第二板块	1	0	0	0	1	孤立板块
第三板块	4	1	2	5	3	经纪人板块
第四板块	11	0	6	3	3	主溢出板块

根据各个经济增长板块内部的网络关系，可以计算4个板块自身的网络密度，得到板块间的网络密度矩阵。由于整个关系网的密度为0.409 1，如果板块内部密度大于0.409 1，则说明板块内部的网络关系密度强于整体水平，网络关系在该板块有集聚的趋势。将板块间网络密度矩阵中值大于0.409 1的赋值为1，小于的赋值为0，可以得到板块间的像矩阵（如表4-13所示）。从像矩阵可以清晰地看到四个板块之间的溢出关系和收益关系。第一经济增长板块对其他板块不产生强烈的溢出效应，而接受第四经济增长板块的溢出效应，同时其内部溢出效应也非常明显，形成一个"小团体"；第二经济增长板块是一个孤立的板块，不接受其他板块的增长溢出，也不溢出到其他板块；第三经济增长板块的溢出效应主要体现在第四经济增长板块，同时也接受第四经济增长板块的溢出效应；第四经济增长板块的溢出效应主要体现在第一和第三经济增长板块，同时接受第三经济增长板块的溢出效应，而在其板块内部形成了一个小型的溢出循环。

表 4-13　各板块像矩阵

经济板块	第一版块	第二板块	第三板块	第四板块
第一板块	1	0	0	0
第二板块	0	0	0	0
第三板块	0	0	0	1
第四板块	1	0	1	1

4.4　中国与东盟国家经济增长空间溢出效应测算

4.4.1　经济增长空间溢出模型构建

本节运用空间计量模型，对中国与东盟国家经济增长的溢出效应进行分析。

根据柯布－道格拉斯生产函数，一个国家的产出受到技术水平、资本投入、劳动力投入等因素的影响，其计算公式为

$$Y = A(t)L^\alpha K^\beta \mu \qquad (4-4)$$

其中：Y 为产出水平；$A(t)$ 为一国的技术水平；L 为劳动力投入的数量；K 为资本投入的数量；α 为劳动力的弹性系数；β 为资本的弹性系数；μ 为其他影响。

为了更好地分析各个溢出渠道对跨国经济增长溢出的影响，这里将该模型进行扩展，除了资本、劳动力、技术要素对产出产生重要影响外，再加入贸易的因素，以反映国际贸易对经济增长溢出的影响。

将国际贸易因素加入柯布－道格拉斯生产函数，并对式（4-4）取自然对数

得到如下模型：

$$\ln Y = \ln A(t) + \alpha \ln L + \beta \ln K + \gamma \ln T + \ln \mu + \varepsilon \quad (4-5)$$

其中：T 代表国际贸易水平。

由于空间溢出效应的存在，在分析经济增长的跨国溢出时，我们需要采用空间计量模型。空间计量模型包括空间截面模型和空间面板模型两类，空间面板模型是面板数据模型和空间截面模型的结合体（林光平 等，2014）。空间面板模型又包括空间面板滞后模型、空间面板误差模型和空间面板杜宾模型。一般空间面板模型的表达式为

$$\boldsymbol{Y}_t = \delta \boldsymbol{W} \boldsymbol{Y}_t + \alpha \boldsymbol{t}_N + \boldsymbol{X}_t^2 + \boldsymbol{W} \boldsymbol{X}_{t}, + \boldsymbol{u}_t; \boldsymbol{u}_t = \lambda \boldsymbol{W} \boldsymbol{u}_t + \varepsilon_t \quad (4-6)$$

其中：W 为空间权重矩阵；Y_t 为被解释变量向量；X_t 为解释变量向量，t_N 为 $N \times 1$ 阶单位向量，且与常数项的参数 α 相关，ε_t 是服从标准正态分布的随机干扰项（Elhorst，2010）。当 $\theta = 0$，$\lambda = 0$ 时，上式简化为空间面板滞后模型（SLM），当 $\theta = 0$，$\lambda = 0$ 时，上式简化为空间面板误差模型（SEM），当 $\lambda = 0$ 时，上式简化为空间面板杜宾模型（SDM）。空间面板滞后模型（SLM）适用于被解释变量受邻近单元被解释变量影响的状况，空间面板误差模型（SEM）适用于被解释变量受到邻近地区无法观测因素影响的状况，空间面板杜宾模型（SDM）则适用于被解释变量受到邻近地区被解释变量和解释变量双重直接影响的状况。在实际分析中，目前较多采用的是 SLM 模型和 SEM 模型。

Lesage 和 Pace（2009）认为单纯采用空间滞后项或者误差项的系数来表示空间溢出效应存在缺陷，应采用偏微分方法进一步对溢出效应进行分解。以空

间面板杜宾模型为例，可以将（4-6）式改写为

$$Y_t = (I - \rho W)^{-1} \alpha_t t_N + \alpha t_N + (I - \rho W)^{-1}(X_t{}^2 + WX_t) + (I - \rho W)^{(-1)} \varepsilon_t \quad （4-7）$$

对于第 k 个解释变量，被解释变量期望值的偏导数矩阵为

$$\left[\frac{\partial E(Y)}{\partial x_{1k}} \cdots \frac{\partial E(Y)}{\partial x_{Nk}} \right] = \begin{bmatrix} \frac{\partial E(y_1)}{\partial x_{1k}} & \cdots & \frac{\partial E(y_1)}{\partial x_{Nk}} \\ \vdots & & \vdots \\ \frac{\partial E(y_N)}{\partial x_{1k}} & \cdots & \frac{\partial E(y_N)}{\partial x_{Nk}} \end{bmatrix} = (I - \delta W)^{-1} \begin{bmatrix} \beta_k & \omega_{12}\theta_k & \cdots & \omega_{1N}\theta_k \\ \omega_{21}\theta_k & \beta_k & \cdots & \omega_{2N}\theta_k \\ \vdots & \vdots & & \vdots \\ \omega_{N1}\theta_k & \omega_{N2}\theta_k & \cdots & \beta_k \end{bmatrix}$$

（4-8）

主对角线上的值代表直接效应，是本地解释变量对本地被解释变量的影响，非对角线上的元素代表间接效应，是本地解释变量对邻近地区被解释变量的影响（Elhorst，2014）。我们这里认为，空间面板滞后模型（SLM）被解释变量空间滞后项的系数或者空间面板误差模型（SEM）误差向量的系数代表着一个国家受到邻近国家经济增长的影响，也就是经济增长的跨国溢出效应。而将通过偏微分方法进行效应分解而得到的间接效应，作为通过解释变量的空间相互影响而产生的增长溢出效应，也就是一个国家的技术水平、贸易状况、劳动力投入水平、资本投入水平对另一个国家经济增长的影响，代表了通过这四个溢出渠道而产生的增长溢出效应（如图4-8所示）。

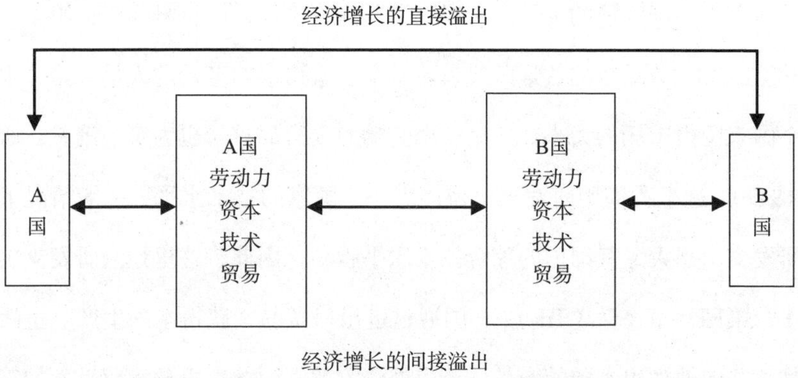

经济增长的直接溢出

```
A国 ⟷ A国劳动力资本技术贸易 ⟷ B国劳动力资本技术贸易 ⟷ B国
```

经济增长的间接溢出

图 4-8　经济增长的跨国溢出通道

综上，拟采用的空间面板滞后模型（SLM）形式为

$$y_{it} = \text{intercept} + \delta \sum_{j=1}^{N} w_{ij} y_{jt} + \beta \text{controls} + u_t \quad (4-9)$$

空间面板误差模型（SEM）形式为

$$y_i t = \text{intercept} + \beta \text{controls} + u_t; u_t = \lambda \sum_{j=1}^{N} w_{ij} u_{jt} + \varepsilon_{it} \quad (4-10)$$

4.4.2　变量的选择与数据来源

根据模型（4-5），这里选择一个国家的地区生产总值（GDP）作为研究的被解释变量，反映一个国家的经济增长水平。对于解释变量，我们这里根据本研究 4.3 节中的分析，选择如下几个变量：第一，资本形成总额（Cap）。资本往往是一个国家经济增长最为缺乏的因素，资本要素的形成，包括资本的跨国流动，能

够有效地促进一国经济的增长，所以这里预测资本要素的符号为正；第二，劳动力总数（Lab）。劳动力的数量既代表着一个国家可参与劳动的人员数量，也代表着一个国家国内市场的大小。这里预测劳动力要素的符号也为正；第三，研发支出（R&D）。这里我们用研发支出来代表一个国家的技术水平，一般情况下，一国的研发支出越大，其国内的综合技术水平越高，因此，这里预测研发支出的符号为正；第四，贸易额（Tra）。一国通过进出口贸易，获得本国生产、生活所需的产品，并向外输出本国的产品，获得外汇收益，因此这里预测贸易额的符号也为正。这四个解释变量对应了前文跨国经济增长溢出的四个渠道。

表 4-14　经济增长空间溢出效应测算变量说明

变量	解释	符号预测	数据来源
GDP	被解释变量，一国的地区生产总值		世界银行
Cap	核心解释变量，资本形成总额	正	世界银行
Lab	核心解释变量，劳动力数量	正	世界银行
R&D	核心解释变量，研发支出水平	正	世界银行
Tra	核心解释变量，国际贸易总额	正	世界银行

由于各个变量的数据在量级上存在较大的差异，因此在进行分析之前，这里首先对各个变量的数据进行标准化处理（无量纲处理），具体采用总和标准化的方法，即

$$x_{ij} = \frac{x_{ij}}{\sum_{i=1}^{m} x_{ij}}, \quad i=1,2,\cdots,m; j=1,2,\cdots,n \tag{4-11}$$

经过标准化处理的新的数据向量满足：

$$\sum_{i=1}^{m} x_{ij} = 1, \ j = 1, 2, \cdots, n \quad (4-12)$$

这样得到最终所采用的空间面板计量模型为

$$\text{GDP} = \text{intercept} + \delta \sum_{j=1}^{N} w_{ij} \text{GDP} + \beta_1 \text{Cap} + \beta_2 \text{Lab} + \beta_3 \text{R \& D} + \beta_4 \text{Tra} + u_t \quad (4-13)$$

或者

$$\begin{cases} \text{GDP} = \text{intercept} + \beta_1 \text{Cap} + \beta_2 \text{Lab} + \beta_3 \text{R \& D} + \beta_4 \text{Tra} + u_t \\ u_t = \lambda \sum_{j=1}^{N} w_{ij} u_{jt} + \varepsilon_{it} \end{cases} \quad (4-14)$$

对于空间权重矩阵 W 的选择是空间计量模型的核心内容。W 为行标准化的对称方阵，其计算公式为

$$w_{ij} = \begin{cases} 2, \ 陆地邻近与海洋邻近 \\ 1, \ 陆地邻近或海洋邻近 \\ 0, \ 陆地和海洋都不邻近 \end{cases}$$

由于东盟国家中存在菲律宾这个岛国，其在地理空间上不与任何国家存在地面的边界，所以若采用（0,1）空间权重矩阵，则会存在无法得出回归结论的现象。并且，中国和东盟国家在经济贸易上的往来很多以海运为主，陆路运输和海路运输是中国和东盟国家往来的主要方式，因此这里地理邻近性的确定充分考虑到陆地邻近和海洋邻近两个因素，如果只有陆地临近和海洋邻近中的一项则赋值为1，如果同时具备两项则赋值为2，一项都不具备则赋值为0。

鉴于数据的可得性，将老挝和缅甸剔除出整个分析的样本，采用中国、马来西亚、菲律宾、泰国、新加坡、印度尼西亚、文莱、越南、柬埔寨9个国家1993年至2015年的数据进行实证分析，数据来源于世界银行的世界发展指标数据库。对于部分的缺失数据采用两期的时间序列平滑值进行替代。

4.4.3 溢出效应测算

空间面板数据模型包括固定效应模型、随机效应模型和混合效应模型，对于采用何种形式的模型，Elhorst（2010）认为一般的空间计量分析都选择具有一定整体性的区域作为分析对象，所以在一般情况下选择固定效应模型作为分析的基础模型。由于本研究以空间相邻、经济联系紧密的中国和东盟国家作为研究的对象，所以在固定效应和随机效应的选择上，本研究选择固定效应模型。对于究竟是采用空间滞后模型（SLM）还是空间误差模型（SEM），Anselin（1988）认为可以先通过估计不包含空间自相关项的各类模型，然后通过各类模型的LM检验和稳健的LM检验来最终确定模型的形式。

表 4–15 非空间 OLS 估计结果

变量	参数回归结果	t 值（p 值）
intercept	−0.000 4	−0.406 9
Cap	0.548 1***	36.630 5
Lab	0.356 4***	22.026 4
R&D	−0.068 0***	−4.989 3
Tra	0.167 3***	12.163 9
不包含空间滞后项的拉格朗日乘数检验	59.063 6***	0.000
稳健的不包含空间滞后项的拉格朗日乘数检验	53.316 9***	0.000

续表

变量	参数回归结果	t 值（p 值）
不包含空间误差项的拉格朗日乘数检验	6.698 3***	0.010
稳健的不包含空间误差项的拉格朗日乘数检验	0.951 7	0.329
拟合优度	0.99	Durbin–Watson	2.072 1

注：* 表示 10% 显著性水平临界值，** 表示 5% 显著性水平临界值，*** 表示 1% 显著性水平临界值。

首先对面板数据进行一般 OLS 估计，得到表 4–15。从表 4–15 可知，OLS 面板估计结果除了常数项之外，其他各个解释变量的回归结果都非常显著，说明了我们在变量的选择上是合理的。整个模型的 R^2 达到了 0.99，说明模型中解释变量对被解释变量的解释性很好。Durbin–Watson 的值为 2.072 1，说明模型很好地控制了变量的自相关性。从 LM 检验的结果来看，空间滞后模型 LM 值和稳健的 LM 值都通过了显著性检验，空间误差模型的 LM 值通过了显著性检验，但是稳健的 LM 值并没有通过显著性检验，说明空间滞后模型相比空间误差模型更适合这里的分析。因此，我们这里选择空间滞后的固定效应模型作为分析的基本模型。

由于空间滞后模型中空间相关性的存在，使得样本数据不再满足独立同分布的一般假设，采用传统的 OLS 方法将得到有偏、无效的估计结果。因此，本研究采用极大似然估计方法（MLE）进行参数估计，采用 MATLAB R2013b 软件来实现。

表 4–16 SLM 固定效应模型回归结果

变量	地区固定模型	时间固定模型	双固定模型
Cap	0.358 2*** （29.365 4）	0.524 2*** （38.917 8）	0.360 4*** （28.253 6）

续表

变量	地区固定模型	时间固定模型	双固定模型
Lab	−1.706 2*** （−15.328 3）	0.367 8*** （25.649 8）	−1.834 2*** （−16.312 7）
R&D	0.063 0*** （3.418 5）	−0.073 4*** （−6.094 8）	0.069 0*** （3.587 4）
Tra	0.029 0* （1.840 4）	0.156 8*** （12.848 2）	0.017 2 （1.058 3）
W*GDP	0.251 6*** （3.357 7）	−0.218 3*** （−8.879 2）	0.419 0*** （6.232 0）
R^2	0.999 8	0.999 0	0.999 8
LogL	888.597	744.248	888.698

注：* 表示10%显著性水平临界值，** 表示5%显著性水平临界值，*** 表示1%显著性水平临界值。

运用极大似然估计方法对 SLM 固定效应模型进行回归，得到表4-16 的回归结果。

从表4-16 的结果可知，地区固定的 SLM 模型和时间固定的 SLM 模型所有的解释变量都通过了显著性检验，而地区和时间双固定 SLM 模型中 R&D 的回归系数并未通过显著性检验。地区固定 SLM 模型和地区与时间双固定 SLM 模型的似然函数值相差无几，并且都要大于时间固定的 SLM 模型。地区固定 SLM 模型中被解释变量空间滞后项的系数为正值，且通过了显著性检验，这与我们前文的分析结论相一致，而时间固定 SLM 模型中被解释变量空间滞后项的系数为负值，这说明中国和东盟国家间经济增长出现负的溢出效应，这就与我们前文的分析相悖。因此，综合各方面，这里我们选择地区固定的 SLM 模型作为分析的基础模型。

与普通的面板模型回归结果相比较，地区固定 SLM 模型的各个系数估计值要小,说明不考虑率空间因素,会高估各个解释变量对被解释变量的影响。从被解释变量的空间滞后项来看,该系数的估计值为0.2516,且通过了显著性检验,说明中国和东盟国家间经济增长的确存在着显著的空间溢出效应,周边国家经济平均每增长一个百分点,会给本国经济带来0.2516个百分点的增长。

为了进一步分析各个增长溢出渠道对经济增长跨国溢出的影响,我们接着对各解释变量的回归系数按照前文的分析进行空间效应的分解,可以将各解释变量的空间效应分解为直接效应、间接效应和总效应。直接效应反映了本国解释变量对本国被解释变量的影响,间接效应是本国解释变量对相邻国家的影响,总效应是直接效应和间接效应之和。通过效应的分解,得到表4–17。从表4–17可以分析国际贸易、劳动力、资本、技术四个溢出渠道对中国和东盟国家经济增长溢出所产生的影响。

表4–17 地区固定SLM模型空间效应分解

变量	总效应	直接效应	间接效应
Cap	0.4834*** (8.9880)	0.3621*** (27.4929)	0.1213** (2.5077)
Lab	−2.3118*** (−6.6801)	−1.7263*** (−14.3349)	−0.5856** (−2.3120)
R&D	0.0876** (3.0850)	0.0653*** (3.4620)	0.0223* (1.8497)
Tra	0.0374 (1.7334)	0.02852 (1.7254)	0.0089 (1.4565)

注:* 表示10%显著性水平临界值,** 表示5%显著性水平临界值,*** 表示1%显著性水平临界值。

从资本溢出渠道来看,其在所有的溢出渠道中,回归系数最大,说明在中国与东盟国家经济增长的相互溢出中,资本跨国流动对经济增长溢出的影响最大,一国的经济增长主要通过资本的流动来带动其他国家的经济增长。资本要素回归系数空间效应分解的间接效应值为0.121 3,且通过了显著性检验,表明一国资本每增加1个百分点,会带动其他国家经济实现0.121 3个百分点的增长。

从劳动力溢出渠道来看,在地区固定SLM模型回归系数的空间效应分解中,该变量的总效应、直接效应和间接效应都为负值,这说明在该段时期内,中国和东盟国家经济增长的动力来源已经不再是劳动力数量的增加。由于劳动力成本上升以及世界产业结构升级等要素的影响,经济增长更多地依赖于劳动力质量的提升和技术的进步,单纯通过增加劳动力数量的方式来实现经济增长已经成为不可能。从该变量的间接效应值来看,单纯地增加一国劳动力数量,不仅对本国经济增长不利,同时也给周边国家经济增长带来了一定的压力,庞大的劳动力队伍使得国家要以更多的资源来满足劳动力的基本需求,这种情况对于以发展中国家为主的中国和东盟国家而言,无疑成了经济增长的负担。

从技术溢出渠道来看,研发支出回归系数空间效应分解的间接效应值为正,且通过了显著性检验,表明中国和东盟国家经济增长会受到邻国技术水平提高的影响,技术的跨国流动能够有效带动邻国经济的增长。由于该间接效应值为0.022 3,这就表明,在中国和东盟国家中,一国研发支出每提高一个单位,会给邻国带来0.022 3个单位的经济增长。

从国际贸易溢出渠道来看,国际贸易回归系数空间效应分解的直接效应、间接效应和总效应都为正值,但是并未通过显著性检验,对比地区固定的SLM

模型的回归结果，发现地区固定 SLM 模型中贸易额的系数为正，且显著，这就表明，中国和东盟国家通过国际贸易能够有效带动本国经济的增长，但是邻国并不能明显地从贸易中获得增长的利益。

从以上分析我们发现，中国与东盟国家间经济增长存在着显著的溢出效应，一个国家的经济增长能够有效带动其他国家经济的增长，这甚至超过了研发支出和贸易对本国经济增长的影响程度。从经济增长跨国溢出的各个渠道来看，资本跨国流动是影响中国与东盟国家经济增长溢出的主要因素，技术要素的流动也能够有效促进国家经济的增长。而劳动力投入的增加不仅不能带来其他国家经济的增长，对本国的增长也会带来一定的负担。中国和东盟国家能够有效利用国际贸易所带来的增长机遇，带动本国经济的增长，但是其他国家则无法从这种贸易中获得增长利益。

第五章　经济增长空间溢出效应的影响分析：
区域经济收敛

　　中国和东盟国家自建立贸易关系以来，其贸易强度和深度不断增加。随着各类多边政治关系的建立，双边乃至多边的经济贸易组织也在不断建立，中国－东盟自由贸易区的建立是中国和东盟国家经济贸易往来走向一体化的初步阶段，在自贸区的框架下，中国和东盟国家实现了关税的不断降低、联通网络的不断丰富和立体化、人员流动的不断便利化，这就使得各国经济发展的依赖性不断增强，自由贸易区建立所带来的福利效应在各国之间不断地进行分配，从而有力地促进了各个国家经济的增长。

5.1 经济增长空间溢出与经济收敛的理论关系

5.1.1 经济收敛理论脉络

经济增长的收敛（也称经济增长的趋同）思想来源于新古典增长模型，该模型最早由 Solow（1956）和 Swan（1956）提出，其核心思想内容是：在经济增长中存在着规模报酬不变和边际产出递减的规律，在这个规律的作用下，落后的经济体具有比发达经济体更高的经济增长速度，在经过一段时间的追赶之后，落后经济体与发达经济体的收入水平（产出水平）会趋向一致。

可以看到，新古典经济增长模型关于经济增长收敛的假设是非常苛刻的，并且没有考虑到经济增长的内生性问题。内生经济增长理论则将技术进步和知识生产以及人力资本的增长纳入分析的框架之中，认为在储蓄和投资具有相同增长率的国家，经济增长的稳定状态将由内生的因素决定，特别是知识的积累和技术的进步，这最终可能会导致国家间经济增长呈现发散的态势，而非收敛于同样的增长率和收入水平（Romer,1986;Lucas,1988）。随着经济增长理论和国际贸易理论的不断发展，地理区位因素被不断地纳入经济模型的分析中。由于地理区位和地域资源的原生性差异，国家经济增长会受到一系列偶然因素的影响，这往往成为地区发展差异的决定性因素，在"锁定"效应和路径依赖的影响下，落后地区的发展可能永远无法追赶上发达地区，从而在地理空间上形成发达地区和落后地区的中心－外围关系，发达国家永远处于经济发展的中心区域，而落后地区则永远无法摆脱贫困的状态，处于边缘地区，这种非均衡的发展状态一旦被固化，区域经济增长的发散则会不可避免地发展下去（Krugman,

1991；Ottaviano and Puga，1998）。由于新古典经济增长模型的明显缺陷，所以绝对收敛理论逐渐被条件收敛理论所取代。

条件收敛理论与绝对收敛理论有很大的不同，认为期初的经济增长水平只是影响经济增长速度的一个原因，资源条件、科技水平、人口增长、要素流动等因素也是影响经济体经济增长水平的重要原因，因此在分析的过程中，要引入这些控制变量，来增加分析的可靠性。同时，条件收敛理论认为，各个经济体在长期内不会收敛于同一个稳定状态，而是各自收敛于各自的稳态，这个稳态水平，往往是由初始增长水平以外的其他因素决定。由于在世界范围内存在大量的国家和地区，许多国家和地区在经济初始状态、经济结构、技术水平、人口水平等方面具有相似的特征，因此，这些国家的稳态增长率趋于一致，这又被称为经济增长的俱乐部趋同（Mankiw,1992;Durlauf 1995）。同时，有学者将经济体经济增长差异的绝对缩小称为经济增长的 σ 收敛（Barro，1990）。

5.1.2 经济收敛研究方法

经济收敛理论的不断发展促使收敛方法的研究和应用也不断丰富与成熟。

对于 σ 收敛的分析在实证研究中多采用指标分析法，运用的主要指标有标准差、变异系数和泰尔指数等。

标准差的计算公式为

$$\begin{cases} \sigma = \sqrt{\dfrac{1}{N}\sum_{i=j}^{N}(y_i - \mu)} \\ \mu = \dfrac{1}{N}\sum_{i=j}^{N} y_i \end{cases} \quad (5-1)$$

变异系数的计算公式为

$$\mathrm{CV} = \frac{\sigma}{\mu} \tag{5-2}$$

泰尔指数的计算公式为

$$T = \sum_{i=j}^{n} Y_{ij} \log \frac{Y_i}{P_i} + \sum_{i=j}^{n} (\sum_{j=i}^{m} Y \log \frac{Y_{ij}}{P_{ij}}) \tag{5-3}$$

其中：Y_i 表示 i 地区生产总值占所有地区生产总值之和的比；P_i 表示 i 地区人口占所有地区总人口的比重；Y_{ij} 表示 i 地区生产总值占其所在地带生产总值的比重；P_{ij} 表示 i 地区人口占其所在地带人口的比重。

根据新古典经济增长理论，绝对 β 收敛的计算公式为

$$\frac{1}{T} \ln \left(\frac{y_{i,t}}{y_{i,t0}} \right) = \alpha + \beta \ln y_{i,t0} + \varepsilon_i \tag{5-4}$$

其中：$y_{i,t}$ 是 i 地区 t 时期的 GDP 数值，随机扰动项服从标准正态分布。在分析的过程中，如果计算结果显示 β 值小于零，那么就认为经济增长存在绝对的 β 收敛，如果计算结果显示 β 值大于零，那么则认为不存在绝对的 β 收敛。

根据条件 β 收敛的定义，如果在绝对 β 收敛中加入其他影响因素，那么绝对 β 收敛就变为条件 β 收敛。将经济结构、科技水平、人口增长等因素加入绝对 β 收敛的计算模型中，得到条件 β 收敛的计算模型：

$$\frac{1}{T} \ln \left(\frac{y_{i,t}}{y_{i,t0}} \right) = \alpha + \beta \ln y_{i,t0} + \gamma X_{i,t} + \varepsilon_i \tag{5-5}$$

其中：$x_{i,t}$ 代表加入的一系列控制变量。同样地，在分析的过程中，如果计算结果显示 β 值小于零，那么就认为经济增长存在绝对的 β 收敛，如果计算结果显

示 β 值大于零,那么则认为不存在绝对的 β 收敛。

在上述三个收敛模型中,各个研究区域被视为单独个体的存在,也就是每个研究对象之间是独立个体,个体与个体之间不存在经济上的联系和往来,这与现实的经济状况完全不符,因为如果经济体之间不存在政治上的对立和经济上的封锁,经济要素会在各个经济体之间自由地流动,这样就要求在进行收敛分析时要考虑空间因素的影响。因此,在实证分析时,要将空间相关性纳入分析的范畴,才能得出更加符合实际的研究结论。

5.1.3 增长溢出与经济收敛的关系

经济增长的收敛受到多种因素的影响,主要包括企业制度、人力资本、劳动力资源、国际贸易、外商直接投资、资本存量、区域经济空间关联等(吴玉鸣,2005),这些因素对经济增长收敛影响的渠道各不相同,影响的结果也存在差异,有的会导致经济增长的进一步收敛,有的则会带来中心和外围地区经济增长差距的扩大,造成增长的发散。从经济增长的空间关联来看,经济增长跨国溢出对区域经济增长收敛具有重要的影响,这种影响主要通过经济增长跨国溢出的四个主要渠道:贸易、资本流动、劳动力流动、技术要素流动来实现。

国际贸易影响经济增长收敛主要通过四个渠道:要素价格机制、要素数量机制、技术扩散机制和信贷 – 人力资本机制(赵伟 等,2006)。国际贸易可以通过影响一个国家的商品价格和资本要素丰裕程度,从而影响要素的价格和人均资本存量水平,在利益的驱动下,两个国家的要素价格、人均资本存量在均衡状态下会达到一个相同的水平,而在这个过程中,"穷国"往往能够获得更多的发展机会,从而实现对富国经济增长的追赶。通过贸易而产生的技术扩散,同样可以促进"穷国"经济的快速增长，实现经济增长的收敛。"穷国"通过国际贸易可以获得富国的高技术产品，通过对产品的逆向研究，可以掌握富国产品生产的先进技术，而这种技术模仿加创新在难度上要远远小于富国的颠覆性创新，这样"穷国"就能够更快地掌握技术创新的优势，实现经济的快速增长。国际贸易影响经济增长收敛还受到信贷约束的限制，"穷国"之所以难以实现经济的快速发展，其主要的原因是资本的缺乏，而当"穷国"实行自由贸易之后，其收入水平会获得极大的提高，经济发展会逐渐摆脱信贷约束的限制，其结果就是"穷国"的经济增长会收敛于富国经济增长的稳态。

资本要素对经济增长收敛影响最基本的解释是：根据新古典增长理论资本边际报酬递减的假设，"穷国"资本存量较少，因此资本的边际报酬率较高，而富国资本存量较大，资本的边际报酬率较低，这样，在较高的资本边际报酬率下，"穷国"可以实现资本更高的利用效率，从而实现经济更快速的发展，最终"穷国"和富国的经济增长会趋于收敛。资本跨国流动最主要的表现就是外商直接投资，外商直接投资首先可以促进"穷国"资本的形成，解决"穷国"发展最急需的资金问题，其次，外商直接投资不仅是资本的直接进入，更是带来了先进的技术、管理、设计等，给"穷国"带来了技术溢出、管理溢出和设计溢出，再次，外商直接投资能够直接给"穷国"带来巨大的就业机会，同时间接地培训了"穷国"的富余劳动力。总之，通过这三个途径，外商直接投资带来了资本的跨国流动，从而为"穷国"经济的快速增长提供了动力，有利于"穷国"和富国经济增长的收敛。

劳动力的流动与资本的跨国流动具有类似的特征。劳动力跨国流动一方面可以直接改变两个国家人力资本的数量，使得富裕国家人力资本数量快速增加，从而降低劳动力资源的边际产出率，而对"穷国"来讲，由于劳动力的外流而提高了国家的劳动产出率，这样一增一减，就会带来两个国家经济增长的收敛。另一方面，劳动力的跨国流动往往不是单纯的劳动地点的改变，劳动力本身是人力资本的一种，是集各类技能于一体的产业工人，伴随劳动力的流动，知识、管理等无形的要素也会流入人口迁入地，改变迁入地的知识和管理结构，这又有可能会加大迁入地和迁出地经济增长的差距。因此，劳动力的流动究竟是带来经济增长的收敛还是发散，要看实际中两种力量的对比。

技术要素与资本和劳动力要素的流动相比较，具有一个明显的特点就是其流动具有单向性：技术往往只能从发达国家或地区流向欠发达国家或地区。新经济增长理论将技术进步作为经济增长的"发动机"，因此，发达国家或地区向欠发达国家或地区的技术流动能够有效地促进欠发达国家或地区经济的增长。技术要素的流动受到流入的技术存量、吸收能力与流出的技术差距等因素的影响，一般的观点认为，如果欠发达国家或地区不能够有效地将这种技术溢出转化为产出能力，那么这种技术溢出就不能带动地区经济的增长，而会带来经济增长的发散而不是收敛。而实际上，技术的流动也不是漫无目的的，技术流动具有很强的方向性，技术往往选择具有一定吸收能力且与自身差距较小的地区作为流入目的地，这样才有能与技术相匹配的环境设施和劳动力。所以，技术要素的流动在多数情况下会给欠发达国家和地区经济增长带来极大的活力，使其缩小与发达国家或地区的增长差距，最终整个经济将收敛于稳定的状态。

5.2 中国与东盟国家经济增长收敛的事实

5.2.1 中国与东盟国家经济增长 σ 收敛

5.2.1.1 数据来源

本章对中国和东盟国家经济增长的 σ 收敛分析中，采用的数据主要包括各个国家的 GDP、GDP 指数、年末人口数、各国各年对美元的汇率水平，选取的起始年份为 1993 年，结束年份为 2015 年。在具体的计算过程中，先通过 GDP 和 GDP 指数计算出平减指数以剔除价格因素的影响，从而可以得到各个国家真实的 GDP 数据。然后用真实的 GDP 数据除以年末人口数来得到实际的人均 GDP，最后通过汇率的折算，将该数据转换为以 2010 年美元不变价计算的人均 GDP。其中的数据主要来源于世界银行数据银行的世界发展指标统计数据库。

5.2.1.2 计量分析结果

根据 Barro 和 Sala（1991）关于 σ 收敛的定义，在学术界对 σ 收敛较多采用的分析和检验方法为变异系数和泰尔指数方法。具体的标准是，当各个经济体人均地区生产总值的变异系数逐渐缩小时，表明经济增长出现了 σ 收敛现象，而当各个经济体人均地区生产总值的变异系数逐渐增大时，表明经济增长出现了发散的现象，各经济体的经济增长差距越来越大。同样地，若在一定时期内计算出来的泰尔指数越来越小，那么表明研究区域各主体在该时期内经济增长的差距逐渐缩小，经济增长存在 σ 收敛现象，而若泰尔指数越来越大，则表明研究区域各主体在该时期内经济增长的差距逐渐增大，经济增长不存在 σ 收敛现象。如果变异系数和泰尔指数在一定时期内保持不变，那么则说明在该时期内，各经济主体发展速度较为一致，经济增长既不存在收敛，也不存在发散的现象。

根据变异系数和泰尔指数的定义，利用中国和东盟国家的相关数据，求得1993年至2015年11国经济增长的变异系数和泰尔指数，如表5-1所示。

中国和东盟国家1993年人均地区生产总值的变异系数为1.73，在所有年份中最大，而到2015年变异系数下降到1.51，下降了0.22，表明在这二十多年的时间里中国和东盟国家的经济增长的差异在逐渐缩小。泰尔指数也证实了该结论，泰尔指数从1993年的0.095下降到2015年的0.041，下降了0.054，下降幅度达到了56.8%，这比变异系数的下降幅度要大得多，这更加表明了，随着中国和东盟国家经济关联性的不断提高，经济一体化日程的不断推进，其发展的成果被更多的国家所分享，经济增长不断趋同，且向一起收敛。

表 5-1 变异系数及泰尔指数

年份	变异系数	泰尔指数	年份	变异系数	泰尔指数
1993	1.73	0.095	2005	1.62	0.05
1994	1.71	0.09	2006	1.62	0.048
1995	1.69	0.087	2007	1.61	0.047
1996	1.67	0.084	2008	1.57	0.044
1997	1.65	0.079	2009	1.54	0.041
1998	1.67	0.067	2010	1.57	0.043
1999	1.67	0.065	2011	1.56	0.043
2000	1.66	0.064	2012	1.54	0.042
2001	1.65	0.058	2013	1.54	0.042

续表

年份	变异系数	泰尔指数	年份	变异系数	泰尔指数
2002	1.64	0.056	2014	1.53	0.042
2003	1.63	0.053	2015	1.51	0.041

从变异系数的发展趋势来看，从1993年至2015年整个变异系数一直呈现下降的趋势，只有1997—1998年和2008—2009年出现了小幅度的反弹。究其原因，这两个时间段分别是1997年亚洲金融危机和2008年美国次贷危机发生的年份，受到危机的影响，东南亚经济体量较小的经济体和对国际贸易依赖性较强的经济体的经济发展受到了比其他经济体更大的冲击，在这样的冲击下，这些经济体的经济发展速度下降明显，甚至出现停滞和负增长的现象，而像中国这种经济体量较大、对外贸易依存度相对较低的国家来说，其受到的影响相对较小，仍能保持中高速的经济增长水平，这就造成了国家间增长速度方面差距的扩大，也就表现为人均地区生产总值变异系数的扩大。但是从总的发展趋势来看，无论是哪次危机的冲击，都无法减缓中国和东盟国家经济一体化发展的趋势，这种趋势是保证中国和东盟国家经济增长趋于收敛的核心动力。

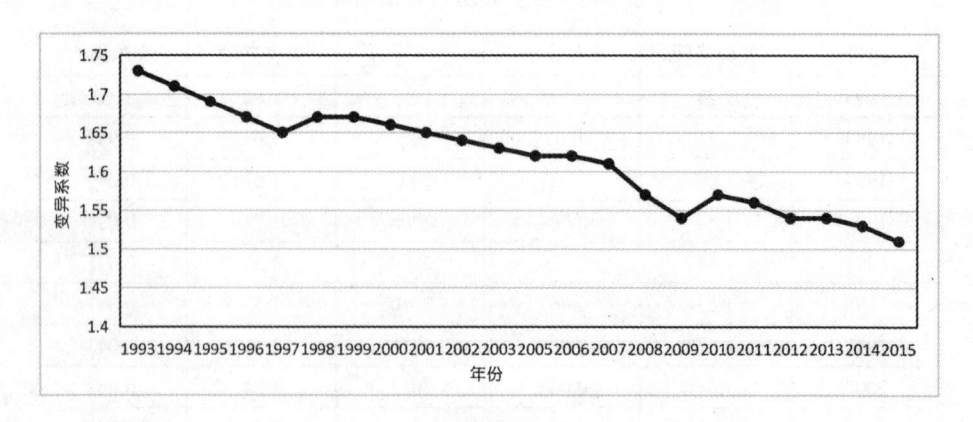

图 5-1 中国和东盟国家人均地区生产总值的变异系数

从泰尔指数来看，其发展趋势与变异系数有着很大的相似性：总体上表现为下降的趋势，且在1997—1998年和2008—2009年出现了小幅度的增大。但是从泰尔指数的下降趋势来看，1993年至2015年的泰尔指数可以细分为三个不同的发展阶段：第一个阶段为1993年至1997年，该阶段用5年的时间使得泰尔指数下降了0.03左右；第二个阶段为1998年至2008年，该阶段用11年的时间使得泰尔指数下降了0.03左右；第三个阶段为2009年至2015年，该阶段用7年的时间使得泰尔指数下降了0.002左右。可以看出，第一个阶段泰尔指数下降的速率最快，幅度最大，说明在该阶段中国和东盟国家中相对落后国家的经济增长速度要远高于较发达国家的经济增长速度，回顾中国经济发展的历程，在该阶段中国处于改革开放的初期，国内市场需求巨大，是我国经济发展最快速的时期，许多东南亚国家，像马来西亚，在这个时期也是国内经济发展最为迅速的时期，而像柬埔寨等国，由于刚刚取得国内政局的稳定，经济需要补偿性的复苏，也处于百废待兴的阶段，经济发展速度较快，这样就为这一阶段泰尔指数的快速减小奠定了基础。而在第二个阶段，中国和东盟国家以及东盟国家内部开始建立各种正式或非正式的经济合作组织，各类经济合作框架协议不断签订，使得中国和东盟国家的经济往来进入一个稳步发展的事情，由于该阶段经济发展的成果巨大，且被各个国家所分享，所以该阶段的泰尔指数呈现出稳步下降的趋势。第三个阶段是后美国次贷危机的阶段，受到危机的影响，世界贸易与经济往来进入到一个紧缩时期，甚至有些发达国家为了保护本国制造业，采取了直接或间接的贸易保护政策，这对整个世界经济都产生了巨大的影响，而很多以国际贸易立身的东盟国家受到的冲击则更大，经济增速开始下滑，再加上作为东盟国家经济增长"发动机"的中国进入经济发展由数量到质量的转变阶段，中国经济增长进入中速发展的新常态，这也对部分东盟国家经济增长带来了一定的影响，在这些因素的综合影响下，自 2008 年之后，中国和东盟国家经济增长泰尔指数的减小进入一个缓慢的时期，虽然下降速度缓慢，但是仍然是在逐渐缩小，说明中国和东盟国家经济增长在该阶段仍然存在 σ 收敛。

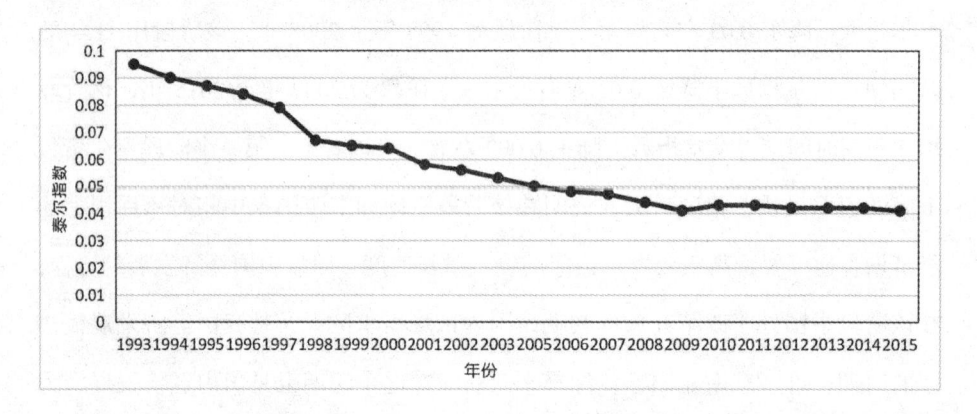

图 5-2　中国和东盟国家经济增长的泰尔指数

总之，中国和东盟国家在 1993 年以来，经济增长的关联性不断增强，各个国家在享受经济增长溢出的福利中实现了本国经济的快速追赶，从而保证了中国和东盟国家经济增长的 σ 收敛。

5.2.2　中国与东盟国家经济增长的绝对 β 收敛

绝对 β 收敛的计算过程中，用到的数据为各个国家在基期和观察期的人均地区生产总值，该数据来源与 σ 收敛分析中的一致。

根据绝对 β 收敛的计算公式：

$$\frac{1}{T}\ln\left(\frac{y_{i,t}}{y_{i,t_0}}\right) = \alpha + \beta \ln y_{i,t_0} + \varepsilon_i \qquad (5\text{-}6)$$

我们可以计算中国和东盟国家在 1993 年至 2015 年的绝对 β 收敛情况。由于 2002 年中国和东盟国家签署了《中国与东盟全面经济合作框架协议》，该协议标志着中国 – 东盟自由贸易区建设的正式开始，从而中国和东盟国家的经济关联性有了较大的提高，经济增长的溢出效应将明显高于之前时段，所以我们这里以 2002 年为时间节点，将整个研究时段分为两部分，第一部分为 1993 年至 2002 年，第二部分为 2002 年至 2015 年。通过对绝对 β 收敛的计算公式进行线性回归，可以得到其收敛情况，如表 5-2 所示。

表 5-2　中国和东盟国家经济增长的绝对 β 收敛模型估计结果

	1993—2015 年	1993—2001 年	2002—2015 年
β	-0.011 2*** (-3.68)	-0.005 9 (-1.68)	-0.015 7*** (-3.57)
β	0.124 7*** (5.13)	0.072 9** (2.72)	0.017 1 6*** (4.90)
调整的 R^2	0.556	0.155	0.54
F 值	13.52	2.83	12.73
收敛速度	0.013	—	0.018

注：* 表示 10% 显著性水平临界值，** 表示 5% 显著性水平临界值，*** 表示 1% 显著性水平临界值。

从表 5-2 可以看出，1993 年至 2015 年模型估计结果的 β 估计值小于零，且非常显著，说明中国和东盟国家经济增长在该时期呈现出绝对 β 收敛的趋势，而在1993年至2002年的模型估计结果中，β估计值并没有通过显著性检验，说明在该时段内，中国和东盟国家经济增长不存在显著的绝对β收敛趋势，而在2002年至2015年的模型估计结果中，β估计值通过了显著性检验，并且小于零，说明在该阶段中国和东盟国家经济增长存在着显著的绝对β收敛趋势。出现这种现象的原因可能是：在自贸区筹建之前，各个国家的经济联系较弱，较差的经济关联性使得国家间经济增长的溢出效应难以发挥，"穷国"与富国在发展速度上的差距无法缩小，所以导致2002年之前中国和东盟国家在经济增长上不存在显著的绝对β收敛的趋势。

2002年至2015年的β估计值大于整个时间段的β估计值，并且在收敛速度方面2002年至2015年也要高于整个分析时间段，所以我们可以得出这样的结论：中国-东盟自由贸易区的设立，有效加强了自由贸易区内各个国家的空间经济关联，使得经济增长的空间溢出效应明显增强，从而使中国和东盟国家经济增长呈现出绝对β收敛的趋势。

5.3 中国与东盟国家经济增长溢出效应对经济收敛的影响

5.3.1 经济增长溢出效应对经济收敛影响的模型选择

根据新古典经济增长模型，条件β收敛的计算公式为

第五章　经济增长空间溢出效应的影响分析：区域经济收敛

$$\frac{1}{T}\ln\left(\frac{y_{i,t}}{y_{i,t_0}}\right) = \alpha + \beta \ln y_{i,t_0} + \gamma X_{i,t} + \varepsilon_i \qquad (5-7)$$

该公式是传统的研究区域经济条件 β 收敛的一般计算方法，在计算过程中，由于用到了解释变量的滞后项，所以很难解决模型的内生性问题，即使很多学者通过加入解释变量和被解释变量的滞后项，以及各种控制变量来消除该问题（Battisti & de Vaio, 2008；Furceri, 2005），但是仍然由于没有考虑各个区域之间的空间溢出效应而使得研究结果的可信性降低。

而如果要考虑区域间的空间溢出效应，空间计量模型则为很好的一个选择。空间杜宾模型在解决该问题上具有很大的优势（Soundarara, 2013）。该模型既考虑到了解释变量和被解释变量的空间滞后值对被解释变量的影响，又将传统模型难以囊括的地理区位因素加入到了模型之中，从而解决内生性和空间关联性的问题。因此，我们这里采用空间杜宾模型对中国和东盟国家经济增长的条件 β 收敛进行分析。这样，我们可以将传统的条件 β 收敛的计算公式调整为

$$\frac{1}{T}\ln\left(\frac{y_{i,t}}{y_{i,t_0}}\right) = \alpha + \beta \ln y_{i,t_0} + \gamma X_{i,t} + \rho W \ln\left(\frac{y_{j,t}}{y_{i,t_0}}\right) + \theta W X_{j,t} + \varepsilon_i \qquad (5-8)$$

其中：W 为空间权重矩阵；$W\ln(y_{j,t}/y_{j,t_0})$ 为被解释变量的空间滞后项，表示邻近地区被解释变量对本地区的影响；$WX_{j,t}$ 为解释变量的空间滞后项，表示邻近地区解释变量对本地区被解释变量的影响。

5.3.2　变量的选取

在该模型中，因变量的含义与绝对 β 收敛分析中的一致。自变量 $\ln y_{j,t_0}$ 的含义也与之前分析的一致。关于结构变量集 $X_{i,t}$ 的选择，这里我们选用工业增加值

占地区生产总值的比重、服务业增加值占地区生产总值的比重、外贸总额占地区生产总值的比重、人口密度四个指标，也就是 $X_{i,t}$=（IN_2,IN_3,TR,POP）。

根据条件 β 收敛的意义，一个国家期初的人均地区生产总值越小，其经济增长的速度越快，因此能够实现对富裕国家的追赶，从而使得各个国家的经济增长趋同，因此这里可以预测核心解释变量 y_{j,t_0} 的符号为负。工业和服务业是一个国家经济增长的重要推动力，而且中国和东盟国家虽然处于不同的经济发展阶段，但是多数国家仍处在工业化的初期和中期，所以工业和服务业对经济增长有明显的促进作用，因此预测 IN_2 和 IN_3 符号为正。东南亚国家联盟和中国－东盟自由贸易区是中国和东盟国家在强烈的发展贸易意愿下所建立的区域性贸易组织，其核心目的就是要降低区域内的贸易成本，加强各个国家贸易往来的强度，从而使得各国能够享受自由贸易带来的巨大利益，因此这里我们预测 TR 的符号为正。人口既是生产的主体也是消费的主体，人口密度的大小，既代表着该国的生产能力，也代表着该国消费市场的大小，一国的人口密度越大，该国的市场潜力和生产能力越大，经济增长的前景也就越好，因此这里预测人口密度 POP 的值为正。当然，这里只是做理论的分析，这些指标的符号要在实证分析中加以验证，同时，也要根据计量分析的结果，对相关指标进行调整。

表 5-3 经济增长条件 β 收敛的变量情况

变量	解释	符号预测	数据来源
$\frac{1}{T}\ln\left(\frac{y_{i,t}}{y_{i,t_0}}\right)$	被解释变量，i 国在 t 时期国内生产总值的增长率		世界银行
y_{i,t_0}	核心解释变量，基期的国内生产总值	负	世界银行
IN_2	i 国在 t 时期工业增加值占地区生产总值的比重	正	世界银行（部分来源于中国统计信息网）

续表

变量	解释	符号预测	数据来源
IN$_3$	i 国在 t 时期服务业增加值占地区生产总值的比重	正	世界银行（部分来源于中国统计信息网）
TR	i 国在 t 时期贸易额占地区生产总值的比重	正	世界银行
POP	i 国在 t 时期的人口密度	正	世界银行

这里对空间权重矩阵的选择，与第四章在进行经济增长跨国溢出效应回归分析时一致，其计算公式仍为

$$w_{ij} = \begin{cases} 2, & \text{陆地邻近与海洋邻近} \\ 1, & \text{陆地邻近或海洋邻近} \\ 0, & \text{陆地和海洋都不邻近} \end{cases}$$

5.3.3 中国与东盟国家经济增长溢出对增长收敛的实证结果

为了体现出中国-东盟自贸区建设对中国和东盟国家经济增长趋同的影响，这里我们仍然将整个分析的时间段以2002年为节点划分为两个：1993—2002年、2002—2015年。由于在实际的回归过程中，贸易额占国内生产总值的比重这个指标始终无法通过显著性检验，故在分析中将该指标删除。

先看整个样本期间中国和东盟国家区域经济的收敛情况，见表5-4。由表5-4可以看出，空间杜宾模型和传统模型的估计结果中，期初人均地区生产总值的回归系数均为负值，说明在整个时间段内，中国和东盟国家经济增长存在条件 β 收敛的情况，也就是"穷国"的经济增长速度要快于富国的经济增长速度，而空间杜宾模型的估计值小于传统模型的估计值，表明如果不考虑空间因素的影响，会高估其收敛速度。

表 5-4　1993 年至 2015 年空间杜宾模型回归结果

变量	传统模型	空间杜宾模型
常量	0.042 (0.73)	0.095*** （4.41）
y_{i,t_0}	−0.029*** (−3.75)	−0.009*** (−3.59)
IN_2	0.003** （3.09）	0.006*** （15.9）
IN_3	0.002 （1.81）	−0.005*** (−8.24)
POP	0.000 1** （2.10）	−0.000 01*** (−4.54)
$W \times y_{i,t_0}$		0.019 （0.12）
$W \times IN_2$		0.005*** （10.30）
$W \times IN_3$		−0.006*** (−18.94)
$W \times POP$		−0.000 02*** (−11.58)
ρ		−0.014
$LogL$		44.72
R^2	0.82	0.98

注：* 表示 10% 显著性水平临界值，** 表示 5% 显著性水平临界值，*** 表示 1% 显著性水平临界值。

再看 2002 年至 2015 年模型的回归结果。同样的空间杜宾模型和传统模型的估计结果中，期初人均地区生产总值的回归系数均为负值，说明该阶段中国和东盟国家经济增长也存在条件 β 收敛情况,而且传统模型仍然高估了经济增长收敛的速度。分析结果还显示,工业增加值占地区生产总值的比重的系数显著为正,服务业增加值占地区生产总值的比重和人口密度的系数显著为负,说明人口密度越大、服务业越发达,其经济增长速度也越慢,而工业越发达则经济增长速度越快,这与中国和东盟国家经济增长的阶段特点相吻合,进入 21 世纪以后,中国和东盟国家的经济增长进入了一个快速工业化的阶段,特别是随着中国工业化进程的不断推进,带动了东盟欠发达国家工业的迅猛发展,而像新加坡这种以服务业为主且人口密度较大的国家,其经济增长已经进入缓慢增长期。

表 5-5　2002 年至 2015 年空间杜宾模型回归结果

变量	传统模型	空间杜宾模型
常量	0.102* (1.11)	0.114** (1.68)
y_{i,t_0}	−0.039** (−2.65)	−0.012 (−1.43)
IN$_2$	0.004 (1.40)	0.009*** (6.17)
IN$_3$	0.002 (1.16)	−0.008*** (−4.65)
POP	0.000 1 (1.82)	−0.000 02** (−2.52)
$W \times y_{i,t_0}$		0.036** (1.98)
$W \times$ IN$_2$		0.006*** (4.32)

续表

变量	传统模型	空间杜宾模型
$W \times IN_3$		-0.009^{***} （-10.55）
$W \times POP$		-0.00004^{***} （-6.45）
ρ		-0.048
$LogL$		33.22
R^2	0.82	0.95

注：* 表示 10% 显著性水平临界值，** 表示 5% 显著性水平临界值，*** 表示 1% 显著性水平临界值。

最后看 1993 年至 2002 年模型的回归结果。与以上两个阶段一样，回归结果也显示，在该阶段中国和东盟国家经济增长存在条件 β 收敛状况。而在这个阶段传统回归模型与空间杜宾模型所显示的收敛速度几乎一致。在这个阶段，工业增加值占地区生产总值的比重、服务业增加值占地区生产总值的比重和人口密度三个结构变量的空间杜宾模型回归系数都显著为正，说明在该阶段工业增加值占地区生产总值的比重和服务业增加值占地区生产总值的比重越高，人口密度越大，其经济增长速度也越快。在该阶段中国和东盟国家刚刚步入工业化的初期，甚至有些国家刚刚实现国内政局的稳定，在这样的发展基础上，任何有利于经济发展的因素都将成为经济发展的优势条件，因此无论是工业的发展还是服务业的发展以及人口的增加，都会带来国内经济增长速度的提高。

表 5-6　1993 年至 2002 年空间杜宾模型回归结果

变量	传统模型	空间杜宾模型
常数项	0.116** (2.71)	0.135*** (83.51)
y_{i,t_0}	−0.022** (−2.76)	−0.021*** (−80.19)
IN_2	0.002** (2.06)	0.000 2*** (8.61)
IN_3	0.000 2 (0.17)	0.000 7*** (14.65)
POP	0.000 01 (1.70)	0.000 03*** (146.74)
$W \times y_{i,t_0}$		−0.003*** (−13.32)
$W \times IN_2$		−0.002*** (−115.93)
$W \times IN_3$		0.002*** (47.68)
$W \times POP$		0.000 01*** (84.39)
ρ		0.003
$LogL$		74.18
R^2	0.82	0.99

注：* 表示 10% 显著性水平临界值，** 表示 5% 显著性水平临界值，*** 表示 1% 显著性水平临界值。

下面我们通过空间杜宾模型的分析结果，来看空间溢出效应对经济收敛的影响。这里我们采用 Lesage 和 Fischer（2008）的方法，将基期人均地区生产总值对增长率的影响分解为三个部分：本国基期经济增长的影响，称为直接效应；

相邻国家对本国经济增长的影响，也就是经济增长溢出效应对本国经济增长的影响，称为间接效应；二者相加，称为总效应，结果如表5-7所示。

表5-7 经济增长溢出效应对经济收敛的影响

	总效应	直接效应	间接效应	收敛速度
1993—2015年	0.019	0.021 8	−0.002 9	0.003
1993—2002年	−0.003 8	−0.003 7	−0.000 1	0.000 1
2002—2015年	0.035 2	0.054 2	−0.019	0.022

从表5-7可知，在三个时间段内，分解结果的间接效应都为负值，说明中国和东盟国家间存在经济增长的溢出效应，这种溢出效应主要是从富国溢出到"穷国"，从而使得"穷国"的经济增长率要高于富国，这有助于"穷国"与富国缩小经济发展的差距，从而实现整个地区经济增长的收敛。从经济增长溢出效应对收敛速度的影响来看，2002年至2015年经济增长溢出效应对经济增长收敛的影响最大，而1993年至2002年则最小，说明随着中国-东盟自由贸易区的建设，各个国家间经济增长的溢出效应明显增强，这种溢出效应有效促进了各个国家经济增长的趋同。从各个阶段的直接效应来看，除了1993年至2002年的直接效应值为负之外，其他两个阶段的直接效应值均为正值，这说明在1993年至2002年期间，中国和东盟国家还可以通过自身因素来发展经济从而缩小发展的差距，但是2002年之后，由于自由贸易区的建设，使得各个国家开放的程度有了巨大的提高，对外贸的依存度不断增强，这导致了各国已经无法通过自身经济的发展来缩小与其他国家的差距，这也说明了，在当前的发展环境下，封闭的发展政策是没有出路的，这更加凸显了中国-东盟自由贸易区建设的必要性。

5.4　本章小结

本章首先梳理了经济收敛理论的理论脉络，认为新古典经济增长理论关于经济收敛的假设过于苛刻，同时没有考虑地理区位因素和空间因素以及溢出效应对经济收敛的影响。因此，随着理论的发展，新古典经济理论的绝对收敛被条件收敛理论所取代。接着，我们对研究收敛的常见方法进行了总结，并在理论上从国际贸易、资本流动、劳动力流动、技术要素流动四个方面分析了经济增长溢出对经济收敛的影响。

通过对中国和东盟国家经济增长的收敛分析发现，自1993年以来，中国和东盟国家之间既存在每个时点上的 σ 收敛，也存在长期内的 β 收敛，经济增长的跨国溢出效应对经济收敛具有重要的影响。中国和东盟国家经济增长收敛具有以下特征。

第一，中国和东盟国家经济增长收敛性的波动与经济周期的波动基本一致。这说明由于中国和东盟国家经济增长空间关联性的不断增强，其经济网络的紧密程度也越来越强，经济增长逐渐呈现出同周期性。从 σ 收敛来看，与经济危机发生的周期相一致，中国和东盟国家经济增长的收敛性分为三个阶段：1993年至1997年为第一个阶段，该阶段中国和东盟国家经济增长的收敛速度最快；1998年至2008年为第二个阶段，该阶段各国经济增长的收敛速度有所下降；2009年至2015年为第三个阶段，该阶段 σ 收敛的速度逐渐趋于平缓。

第二，中国东盟自由贸易区的建设有效促进了中国和东盟国家经济增长趋于收敛。在中国–东盟自由贸易区建设之前，中国和东盟国家的经济增长不存

在显著的绝对 β 收敛,而随着自由贸易区的建设,中国和东盟国家经济增长呈现出绝对 β 收敛的趋势。通过条件 β 收敛空间杜宾模型的效应分解也可以发现,中国-东盟自由贸易区的建设使得国家间经济增长的相互影响不断增强,有效促进了区域经济的条件 β 收敛。

第三,各个国家间经济增长的空间溢出效应有效促进了中国和东盟国家经济增长的条件 β 收敛。通过将空间杜宾模型的结果分解为直接效应、间接效应和总效应三个部分,发现间接效应(也就是溢出效应)的回归系数都为负值,说明国家间经济增长的溢出效应能够有效缩小发展差距,促进经济收敛。

第六章　促进中国与东盟国家经济增长溢出的对策措施

2020年在东盟国家倡议和全力推动下，东盟10国与中国、日本、韩国、澳大利亚、新西兰5国签署了《区域全面经济伙伴关系协定》（RCEP），拓展了中国与东盟经贸关系边界，世界上规模最大、人口最多、潜力最大的自由贸易区正式启航。2021年是中国-东盟建立对话关系30周年，习近平主席在出席中国-东盟建立对话关系30周年纪念峰会上提出"构建更为紧密的中国-东盟命运共同体，共创更加繁荣美好的地区和世界"，中国东盟正式宣布建立中国东盟全面战略伙伴关系。从理论和现实来看，无论是中国还是东盟国家，今后都必然将对方作为经贸关系发展的重点，这给中国与东盟国家建立更加紧密、全面的经济贸易关系带来了巨大的机遇。随着中国与东盟经济一体化程度的不断加深，双方的经济贸易往来将达到一个前所未有的高度，经济增长的依赖性将进一步增强，各国从复杂的经济网络中获得的收益也将不断提高。

在看到发展机遇的同时，也必须正视发展中存在的问题。目前，仍然存在着许多影响中国与东盟国家经济一体化的障碍。首先，部分东盟国家国内政局不稳,导致经济政策与规划缺乏长期一致性,对外经济政策和部分跨国合作项目往往随着政权的更迭而发生改变。而且政局的不稳也会使一国的外交战略左右摇摆,不利于东盟内部的团结和稳定。其次,中国和东盟国家经济发展水平存在较大的差距,既不利于经济政策的协调统一,也容易在各种外交谈判中出现强国忽视弱国关切的现象,给各项合作政策的实施带来隐患。第三,在进出口贸易方面,如前文分析所示,虽然总体来看,各个国家在商品贸易上存在较强的互补性,但是在部分国家之间竞争性仍然较强,而且由于一体化水平还不够高,在各个国家之间并没有形成明显的产业分工,使得商品市场也存在竞争现象,导致各个国家在贸易中存在竞争博弈。第四,中国和东盟国家经济关联的渠道相对单一,现阶段还主要以贸易往来为主,金融与投资渠道障碍仍然较多,人员流动不够顺畅,基础设施连通性有待进一步加强,文化同根的优势也没有得到充分的发挥。第五,域外某些国家为了遏制中国的发展,通过各种途径阻挠中国和东盟国家展开更深层次的经济、贸易、投资、金融、人员、科技、文化、教育等方面的合作与往来。并不断炒作领土争端和南海问题,挑拨中国与东盟国家间的矛盾,造成紧张的外部发展环境。第六,东盟部分国家经济增长处于起步阶段,各个产业发展水平都较低,在国际市场上缺乏竞争力,从而在整个增长溢出网络中处于孤立或相对孤立的地位,从经济一体化的进程中获得的利益非常之少,因此就缺乏推动经济一体化的内在动力,而且随着各国经济的快速发展,这些国家有被彻底边缘化的趋势,这不仅与经济一体化的目标相违背,更会降低东盟整体的凝聚力。

虽然中国与东盟国家经贸往来与一体化发展面临着诸多的挑战,但总体发展趋势仍然向好。在今后的发展过程中,为了适应区域全面经济伙伴关系建设的需要,中国与东盟国家在多个领域都要做出相应的政策调整。

中国与东盟国家经济增长溢出实践策略调整要坚持以下基本原则。

第一,国家利益与互利共赢的原则。国家利益是建立在比较优势原则的基础之上的,是一国立足于世界的根基,也是国际经济合作的基础和目标。没有国家利益就没有区域性国际组织的存在,更不存在国家间的经济增长溢出现象。而互利共赢是现阶段国际经贸往来的基本原则,也是经济增长跨国溢出的主要表现。因此,在加强中国与东盟国家经济增长溢出的过程中,必须处理好国家利益与互利共赢的关系,只有保证各国能够从经济一体化的过程中获得发展的利益,才能推动经济一体化向更深层次发展。

第二,平等与协商一致的原则。在国际政治经济问题的解决过程中,一国的国际影响力往往起到决定性的作用,从而产生有利于大国的结果。中国与东盟国家在经济体量、国际政治地位、军事力量等方面存在较大的差异,在经济一体化和自由贸易区的谈判过程中,这种差异有时会产生谈判结果对小国不利的现象,使得小国在推动区域一体化的过程中缺乏动力,从而不利于一体化推进和增长溢出的发生。因此,促进中国和东盟国家经济增长溢出的实践策略必须充分尊重小国的利益,真正实现大国和小国的平等,在出现经济贸易摩擦时,要通过平等协商,在协商一致的前提下,使得问题得到有效解决。

第三,内部一致的原则。内部一致主要是指中国和东盟国家特别是东盟内部要作为一个紧密的整体一致对外。由于历史原因,东盟内部各个国家与域外大国有着千丝万缕的政治经济关联,从而分属于不同的政治经济团体,其对外政策或多或少受到域外国家的影响,这成为区域经济一体化的严重障碍。为了更好地发挥经济一体化所带来的经济增长溢出效应，必须逐步摆脱域外国家的束缚，以真正独立国家的身份参与到区域经济一体化建设中来，从而享受经济增长的跨国溢出效应。内部一致原则还包括内部问题的内部解决，无论是政治还是经济问题，都应致力于通过外交谈判的方式加以解决，并且谈判的参与者仅限于当事国双方或多方，而不应引入域外其他国家。

第四，经济优先的原则。经济优先是相对于政治优先而言的。中国与东盟国家受历史因素的影响，多个国家间都存在历史遗留问题，主要是政治观点上的分歧和领土边界上的纠纷。在和平和发展成为时代主题、经济增长成为各国发展首要目标的背景下，国家间经济的关联性和依赖性不断增强，地缘政治逐渐被地缘经济所取代，政治观点上的分歧与领土边界上的争端也逐渐让位于经济贸易上的合作与交流，但是这些隐患依然存在。经济优先就是要逐步消除这些影响经济往来的政治隐患，短期内无法消除的隐患，可以采取暂时搁置的方式，为双方甚至多方的经济合作让开道路。

6.1 以政治稳定为前提，加强政治互信与政策沟通

6.1.1 创造稳定的国内政治经济环境

国内政局稳定是发展经济的首要保证。东盟部分国家由于历史原因，在国内仍然存在着分裂势力、民族势力等不稳定因素，国家政局的不稳导致政策的摇摆，不利于国内经济的发展，更不利于一国参与到国际经济合作当中，因此，

这些国家要加快建立完善的国内法律体系，以立法的形式维护国内政局的稳定和政策的持续性。执政的党派或民族还必须提高执政智慧，将国内社会稳定和民族团结作为执政的第一要务，让整个国家进入以经济建设为中心的道路上来，以经济的发展带动政治问题、民族问题的解决。

6.1.2 加强政治互信与政策沟通

国家间经济关系的不断深入发展是建立在政治互信的基础之上的，良好的政治关系是经贸关系发展的保障。

第一，中国和东盟国家要继续保持并加强政府高层的对话与沟通，保证政府高层能够准确掌握每个国家的政治意图，做出正确的政治判断，特别是东盟国家要以更加平和的心态接受中国的崛起，消除西方国家所鼓吹的"中国威胁论"的影响，真正从中国的崛起中寻找到自己发展的定位，并从中获得经济发展的利益。

第二，针对在领土、贸易、投资等方面存在的问题，各个国家政府之间要切实遵守已经签署的各项宣言或协定，并且要以问题的解决为目标，在新的内外部环境下，本着公平、正义的原则，协商签署更加切实可行的争端解决方案，乃至完全解决历史遗留的各种问题。目前，中国在解决南海领土争端问题上提出的"搁置争议，共同开发"的理念值得东盟国家的学习和借鉴。

第三，通过政府高层的沟通与协商，实现顶层设计的统筹协调。在产业发展规划、跨境交通基础设施联通、人员交流、金融一体化等方面，要进一步加强国家间顶层设计的对接与协调，充分发挥政府统筹规划的作用，真正实现中国与东盟国家经济的一体化发展。

6.1.3 建立超国家的管理机构

东盟国家目前并未形成一个超越国家层面的管理机构，因此整个东盟缺乏强有力的约束力和凝聚力。《东盟宪章》将东盟定位为政府间组织，这个定位就意味着东盟不具有超越成员国的权利，这也是东盟一体化进程推进缓慢的一个重要原因。在这样的背景下，东盟国家领导人外交和经济政策往往就带有明显的自我中心色彩，而且对域外国家的经济利益诱导不具有抵抗力，从而在整体利益问题上与整个东盟产生分歧，这对东盟的集体形象和制定统一的经贸政策带来极为不利的影响。因此，东盟国家要想真正实现政治经济一体化，必须尽快建立一个超越国家的管理机构，形成具有法律约束力的强制性文件，从而使得东盟国家在面对外部诱惑甚至威胁时，能够以东盟整体利益为中心，真正实现责任共担、利益共享。

同时，中国和东盟国家要以中国－东盟自由贸易区为依托，以推进区域全面经济合作伙伴关系为目标，逐步提高中国－东盟中心的国际政治经济地位，推动中国－东盟中心在促进经贸交流、解决纠纷等方面发挥更大、更深入的作用。

6.2 加快产业的国际分工，增强贸易与经济的互补性

6.2.1 促进产业的国际转移，形成合理的产业分工

中国与东盟国家在对外贸易方面存在一定的竞争性，这种竞争性的来源主

要是国际产业分工还不够合理,产业资源在国家间流动还不够顺畅,国家间进出口产品同质性较强,在国际上形成相互竞争的局面。虽然合理的竞争能够提高一国资源的利用效率,使资源得到优化配置,但是由于国家间资源流动的种种限制,这种竞争更容易带来的是产品的低质化竞争,不利于各国真正地提高国际竞争力。因此,必须加快中国与东盟国家产业的国际转移,形成合理的产业分工,提高整体竞争力。

第一,要加强国家间产业资源的流动。各国要通过各种途径消除各类阻碍产业资源跨国流动的不利因素,让产业资源能够在市场机制的作用下,流向收益率最高的国家或地区,从而在中国和东盟国家间形成更加合理的国际产业分工,各国依据本国优势资源,形成具有国际或区域竞争力的产业集群。

第二,要在政府层面构建起产业信息披露平台。国家间产业的协同离不开政府层面的协调。为了能够使中国与东盟国家更好地掌握各国产业发展状况,产业信息的披露是其中的重要一环。得益于互联网的发展,目前中国与东盟国家已经发展起来了产业信息披露的基础平台,国家和地区层面都有相关产业信息披露的网站建设,中国还与东盟国家定期举行中国-东盟博览会等形式的产业交流平台。但是要真正实现产业的互补性发展,还需要各国在产业发展规划、产业技术发展路径、产业转移路径、产业升级路径等方面展开更深层次的合作与交流,逐步建立起产业信息披露与合作的综合信息服务平台。

第三,要培育壮大跨国企业,鼓励企业间的合作与交流。跨国公司在国际经济联系中发挥着越来越重要的作用,是跨国资本流动、跨国劳动力流动和跨国技术流动的主要载体之一,因此,中国和东盟国家一方面要不断培育本国跨国公司,鼓励本国公司到区域内其他国家建立子公司;另一方面要积极协调各方资源，组建由各个国家公司共同出资的大型国际企业，从而集中各国优势资源，形成具有国际竞争力的产业和产品。

6.2.2 创新贸易方式，增强贸易互补性

国际贸易之间的竞争很大一部分原因是信息不通畅而导致的产业发展同质化和产品输出的盲目性。随着互联网技术的发展，这种信息的不通畅有望得到有效的缓解。跨境电子商务的发展能够有效克服信息不通畅而带来的产业同质化发展和贸易的无序竞争，成为今后国际贸易的最重要形式之一。同时，境外经济合作区和跨境经济合作区的建设，能够使企业有效地把握东道国的经济发展战略和产品市场需求情况，增强贸易的针对性，提高国家间贸易的互补性。

第一，大力发展跨境电子商务。随着互联网技术的发展，"互联网+大数据平台"将大量的跨国购买、物流、仓储、运输等信息整合到统一的技术平台之下，跨国的供给和需求被高效地联系在一起，有效提高了市场配置资源的能力，成为今后跨境贸易的主要方式之一。跨境电子商务通过方便快捷的信息交流，能够有效地发现国外的商品市场需求，使得跨境贸易更加具有针对性，从而降低贸易风险，提高贸易的互补性。目前，中国与东盟国家跨境电子商务的发展还处于起步阶段，但发展前景广阔。

促进中国与东盟跨境电子商务的发展，首先要建立起统一的跨境交易结算机制，在结算币种、交易方式、风险规避方式、运输方式、通关方式等方面，各国要通过协商，共同制定跨境电子商务新规则，规避由于技术差异而带来的障碍。其次要建立中国与东盟国家电子商务综合服务平台，主要包括信息服务

平台、通关服务平台、政府公共服务平台、企业服务平台等多个有利于电子商务信息共享与交流的基础服务平台。最后要建设电子商务海外仓储基地，跨境电子商务的发展离不开仓储基地的建设，因此中国和东盟国家的电子商务企业既要运用自身资源在各国建立跨境仓储基地，又要加强企业间的合作，实现仓储基地的共享。

第二，推动境外经济合作区和跨境经济合作区建设。境外经济合作区和跨境经济合作区的建设能够有效地规避跨国贸易风险，使得企业的跨境贸易可以更好地切中东道国的产品需求，并且更加准确地把握东道国的产业、贸易发展战略，成为今后跨境投资乃至贸易的重要载体。

在境外经济合作区建设方面，中国和东盟国家既要不断增加国家间境外经济合作区的数量，以满足日益增加的贸易需求，又要提升现有经济合作区的范围和开放程度，使现有境外经济合作区成为贸易、投资一体化的桥头堡。就中国而言，要进一步加强中国－印尼、老挝万象赛色塔、柬埔寨西哈努克、泰国泰中罗勇、越南龙江等具有境外经济合作区性质的特殊经济区的建设。

在跨境经济合作区建设方面，要加强跨境经济合作区建设的理论可行性分析，加快针对跨境经济合作区的法律制度建设，探索符合中国与东盟实际的共建、共管、共赢机制，从而形成切实可行的跨境经济合作区发展模式。中国与东盟国家由于陆地上的接壤关系，很多边境贸易发达的地区已经形成或正在形成跨境经济合作区，特别是中国与越南、老挝、缅甸等国已经形成了跨边境的若干个跨境经济合作区，并已经在跨境贸易中发挥着越来越重要的作用。

6.3 加强溢出通道建设，促进溢出效应更好地发挥

6.3.1 加强综合交通运输体系建设，促进设施联通

基础设施的联通是经济增长溢出的基本要求。各国要积极参照国际基础设施建设的经验，加强路网建设规划的协调统一，要创新交通基础设施建设的投融资模式，探索运用政府－社会共建（PPP）的融资模式，组建具有跨国协调资质的基础设施建设管理机构。

在公路建设方面，要加强中国与中南半岛、中南半岛内部的高等级公路网建设。陆地接壤的各个国家，要在国家和地区两个层面上加强规划的协调性，在公路等级、公路通关便利化等方面达成政府层面的一致。由于中南半岛内部各个国家公路设施发展得非常不均衡，泰国、马来西亚公路等级较高，而缅甸、越南、柬埔寨等国公路等级较低，因此各个国家要充分利用亚投行、"一带一路"建设基金等国际资本，提升各国公路等级水平。中国一方面要进一步加强昆明至新加坡、南宁至新加坡的高等级公路建设，另一方面要逐步开通南宁至金边、南宁至仰光、昆明至内比都、昆明至曼谷的高速公路。

在铁路建设方面，要进一步统一各国铁路建设的标准，逐步淘汰越南等国的米轨铁路，建设以国际标准铁轨为基础的泛亚铁路网。要创新铁路建设的模式，引入PPP、受托承包运营、协议联合运营等铁路建设与运营新模式。由于中国在高铁建设方面所取得的巨大成就，要逐步推进泛亚高铁网的建设，建设由我国的昆明和南宁为起点，经越南、柬埔寨、泰国和马来西亚等国，并以新加坡为终点的泛亚高铁。

在港口建设方面，要加快中国与东盟国家港口城市合作网络建设，通过港口城市的合作，带动港口物流、港口运输、海洋旅游、临港产业等方面的发展。中国与东盟国家还要继续加强国际航线的建设，增加货物航线数量，进一步延长国际旅游观光航线。要建设中国-东盟港口联运网络平台，完善跨国物流网络体系，逐步形成一体化的跨国海运网络协调机制。

6.3.2 提高金融市场的开放度，促进资本的跨国流动

金融一体化是自由贸易区建设中较易实现的目标，也是各个自由贸易区建设的首要目标之一。中国和东盟国家要根据各种贸易协定的要求，逐步开放国内金融市场，推动中国与东盟货币稳定、投资、信用体系建设。由于中国在11国中具有绝对的经济优势，人民币在世界上的影响力也越来越强，许多国家都将人民币作为储备货币，部分东盟国家与中国的接壤地区将人民币视为可流通的货币，所以，在以后的金融合作中，要逐步扩大人民币在东盟国家贸易中的应用范围，将人民币作为部分贸易和投资的结算货币，提高人民币的国际影响力。要进一步深化中国-东盟银行联合体建设，在跨国投资、跨国贸易、跨国融资等领域开展多边的金融合作。在加强各项金融合作的同时，要注意金融风险的防范。中国和东盟国家要加强国际流动资本的监管，通过建立各国中央银行信息共享渠道，对国家间金融资本的异常流动进行实时监管，并逐步形成系统的国家间资本监管机制。同时要构建中国与东盟国家之间的金融风险预警机制，将金融风险控制在发生的早期阶段。要充分发挥保险业在风险防范中的作用，简化跨国保险业务流程，建立中国-东盟保险业监督管理委员会，为贸易、投资、项目合作等提供保险支持。跨国企业自身也要建立完善的风险管控机制，

对于跨国子公司的建立，可以通过吸引东道国政府机构、企业等资本联合持股的方式，降低金融和政治风险。

资本跨国流动的一个重要途径就是跨国投资，因此要加强资本的跨国流动，还要创造条件，促进跨国投资的不断增长。在政府层面要加快中国－东盟投资信息披露平台建设，切实执行《中国与东盟关于修订〈中国－东盟全面经济合作框架协议〉及项下部分协议的议定书》中关于投资便利化的内容，完善本国法律、法规对于外商直接投资的保护，在投资机会、投资优惠政策、投资收益流动等方面给予外资以优惠的待遇，简化投资审批手续，提高审批的效率，使外资真正享受与内资相同的待遇。在企业层面，要根据投资国的投资环境和产业发展状况，慎重选择资本进入国外的形式，并且建立完善的风险防控体系，制定灵活的经营策略，规避各种投资风险。

6.3.3　增强文化交流，促进人员的跨国流动

文化的交流与认同是国家间保持长期良好政治经济关系的核心。中国和东盟国家目前文化交流的领域非常广泛，这促进了中国和东盟国家人员的往来和交流。

首先可以通过加强旅游合作，增进文化的交流和人员的往来。可以通过举办国家间旅游年的方式，宣传具有本国特色的旅游项目，吸引其他国家旅游团体和旅游公司的进入。还可以通过旅游景点的全方位合作，简化旅游签证的办理与审批，打造各具特色的跨国旅游目的地。通过人员的跨国旅游，间接地起到文化宣传的目的。

其次在文化同宗、同源的国家和地区间（例如中国的广西与越南北部地区、

东南亚的佛教国家）开展大型节庆的共同庆祝活动，增进人员的交流和往来。

随着"21世纪海上丝绸之路"战略的实施和中国-东盟自由贸易区升级版的打造，中国与东盟国家对高素质劳动力的需求呈现日益增长的趋势，加强劳动力在中国与东盟国家间的流动是促进经济增长跨国溢出的重要途径之一。

要加强中国与东盟国家劳动力的跨国流动，首先要加强劳动力资源的联合培训，根据产业发展的需要，中国与东盟国家要成立跨国劳动力培训基地，培养适应市场的高素质劳动力资源，一方面要向教育水平较低的柬埔寨、老挝、缅甸等国给予资金、人才、资料等方面的教育支持，另一方面要在新加坡、马来西亚、泰国、中国等国建立人才培育中心，为中国与东盟国家提供更多的高素质人力资源；其次要加强中国与东盟国家间劳动力人才评价标准与技能鉴定标准的统一化建设，同时要加强各国学历学位的互认谈判，使得高素质劳动力在各个国家间能够得到相同的待遇水平，促进高素质劳动力的跨国流动；第三，要进一步扩大各国留学生的规模和比例，通过向留学生提供奖学金的方式，吸引更多的优秀学生在中国和东盟国家间流动。

6.3.4 加强科技合作，带动技术的跨国流动

第一，要加强对域内跨国科技合作的全方位支持。既要鼓励各国建立科技创新共同基金，又要充分利用好现有各种发展基金，为跨国科技合作提供充足的资金支持。同时要在人员、土地、设备等方面给予跨国科技合作充分的支持，保证跨国科技合作的顺利实施。

第二，通过产业的合作，带动科技的合作，中国和东盟国家要在现代农业、新能源、新材料、新一代通信技术、生物医药等产业领域加强合作，通过新技

术的共同研发，带动相关产业的快速发展，从而推动技术创新转化为经济利益。

第三，要促进技术与专利的跨国转移。由于技术知识具有外部性，所以中国与东盟国家要联合建立起技术知识及专利的保护制度，只有健全的保护制度，才能激发企业和科研机构的创新热情。要形成国家间技术知识与专利的价值评价体系，充分保障创新者的经济利益。

第七章 结论与展望

7.1 主要结论

在"一带一路"倡议下,发展对外经济关系、提升对外开放的广度和深度成为我国今后经济发展的一个方向,而东盟国家是"21世纪海上丝绸之路"倡议中的重要区域,是我国今后开放发展的重点地区,加强与东盟国家经济贸易往来,对促进我国经济的发展具有重要的作用。本研究以此为研究的背景,在理论和实证上分析了中国和东盟国家经济增长的溢出效应及其影响。总结了经济增长一般溢出理论的主要理论内涵,在此基础上分析了经济增长跨国溢出的特点、机制和评测的方法,在该理论框架下,又实证地分析了中国和东盟国家经济增长的空间关联关系,并测算了中国和东盟国家经济增长的溢出效应以及各个溢出渠道对经济增长溢出的影响。通过实证分析中国和东盟国家经济增长的收敛性,验证了经济增长跨国溢出对各个国家经济增长的影响。总结全书的研究,将主要的结论概括如下。

第一，区域经济增长空间溢出的主要来源是集聚经济效应和区域经济关联效应。无论是集聚还是扩散，都是经济增长溢出的表现。区域经济的 $E-$ 关联和 $K-$ 关联显示了经济增长溢出的主要途径：经济增长的溢出主要通过商品贸易、资本流动、劳动力流动、技术要素流动四个渠道来实现。

第二，与一般的增长溢出机制类似，经济增长的跨国溢出渠道也主要有四个：国际贸易渠道、劳动力跨国流动渠道、跨国资本流动渠道、国际技术流动渠道。但是经济增长的跨国溢出与一国内部经济增长的溢出相比，具有溢出范围更广、溢出难度更大、溢出途径相对单一的特点。

第三，中国和东盟国家贸易往来越来越频繁，已经形成了复杂的贸易网络关系，中国成为中国－东盟贸易网络中绝对的核心，而东盟国家内部则形成了多层次的贸易网络结构。

从贸易网络密度来看，中国和东盟国家贸易网络的密度从 2010 年的 0.24 上升到了 2015 年的 0.27。从贸易关系来看，在中国和主要东盟国家的贸易网络中，中国以 7 对显著的贸易关联关系成为贸易网络的唯一中心，新加坡和泰国成为第二中心。从贸易的依存度来看，中国对东盟国家贸易的依赖性较小，但是随着时间推移，这种依赖性出现小幅的上升趋势。东盟 10 国对中国的贸易依赖性全部大于中国对东盟国家的贸易依赖性，其中越南对中国贸易的依赖性最强。从贸易网络的程度中心性来看，中国在中国－东盟贸易网络中属于高中心性国家；新加坡、马来西亚和泰国属于中高等中心性国家；印度尼西亚和越南属于中等中心性国家；菲律宾、缅甸、柬埔寨、老挝和文莱则属于低中心性国家。

第四，中国和东盟国家在国内市场需求方面存在较强的相似性，在出口产品类别方面差异性较大、互补性较强，而国际贸易利益主要来自出口获得的外汇收入，因此，从国际收益来看，中国和东盟国家之间，以及东盟国家内部存在较强的贸易互补性。

第五，中国和东盟国家已经形成了成熟、复杂的经济增长溢出网络，该网络使得各个国家都能够直接或者间接享受到其他国家经济增长所创造的财富。

总体来看，中国和东盟国家之间经济增长的关联性较强，经济增长溢出关系网的网络密度为 0.409 1，远高于贸易关系网络密度，经济增长的跨国溢出现象非常明显；马来西亚、越南、老挝对网络资源的控制能力较强，是跨国经济增长溢出的主要通道国家；中国虽然与东盟国家间已经有了非常强的经济增长溢出关系，但是并不处于整个经济增长溢出网络的中间位置，对整个网络的控制作用有限；新加坡和文莱从经济增长网络中获得净受益关系最多，中国则有 6 个受益关系、3 个溢出关系，总体受益关系为 3，也是网络中的受益主体。

从经济增长溢出的块模型分析来看，该经济增长溢出网络可以分为四个板块，中国、越南、新加坡、文莱属于第一经济增长板块，是"主受益板块"；柬埔寨属于第二经济增长板块，是一个"孤立板块"，受其他国家经济增长的影响较小；印度尼西亚、马来西亚和缅甸属于第三个板块，是典型的"经纪人板块"，接受别国的增长溢出，并同时向外溢出经济增长的成果；菲律宾、泰国和老挝属于第四板块，是"主溢出板块"。

第六，中国与东盟国家间经济增长存在着显著的溢出效应，一个国家的经济增长能够有效地带动相邻国家经济的增长，这甚至超过了研发支出和贸易对本国经济增长的影响程度。从经济增长跨国溢出的各个渠道来看，资本跨国流动是影响中国与东盟国家经济增长溢出的主要因素，技术要素的流动也能够有效促进国家经济的增长。而劳动力投入的增加不仅不能带来其他国家经济的增长，对本国的增长也会带来一定的负担。中国和东盟国家能够有效利用国际贸易所带来的增长机遇，带动本国经济的增长，但是其他国家则无法从这种贸易中获得增长利益。

第七，自 1993 年以来，在溢出效应的作用下，中国和东盟国家之间经济增长既存在 σ 收敛，也存在 β 收敛。从 σ 收敛来看，中国和东盟国家经济增长已经开始出现同周期性。从 β 收敛来看，中国－东盟自由贸易区的建设对中国和东盟国家经济增长的 β 收敛具有重要的促进作用。中国和东盟国家间经济增长的空间溢出效应有效促进了中国和东盟国家经济增长的条件 β 收敛。

第八，加强中国与东盟国家经济增长的溢出效应，可以通过加强政治互信与政策沟通、增强贸易的互补性、加强溢出通道建设等途径来实现。

7.2 创新之处

通过对中国和东盟国家经济增长溢出效应的系统分析，本研究可能在以下方面做出了一定的创新。

第一，在研究视野上，首次从中国和东盟国家的国际视野来研究经济增长的溢出效应，理清了中国和东盟国家经济增长的跨国溢出关系、溢出效应的大小、各溢出渠道的影响机理，并为其他分析中国和东盟国家经济增长溢出效应的分析提供了数据基础。

第二，本研究在总结以往研究的基础上，试图构建起跨国经济增长溢出的一般溢出机理，梳理了经济增长跨国溢出的多个渠道，使我们更加全面地认识到了经济增长跨国溢出的一般规律，为今后经济增长跨国溢出的分析提供了一定的参考。

第三，将社会学中的社会网络分析方法运用到经济增长溢出的分析中来，向人们提供了分析经济增长溢出效应的新的方法论视角。

7.3 研究的不足与未来的研究方向

在理论模型的构建上，本书虽然梳理了经济增长跨国溢出的四个渠道，分析了在各个渠道下经济增长跨国溢出的机理，但是没有考虑四个渠道的交互效应对经济增长跨国溢出的影响。这成为今后研究的一个可能方向。

鉴于模型、方法和数据的局限，在对中国和东盟国家经济增长溢出效应进行实证分析时，无法具体测算各个国家之间经济增长溢出效应的大小以及四个溢出渠道在各个国家间所发挥的不同作用，更无法在模型和实证分析中充分考虑国家间经济增长的交叉溢出效应。而且分析还假定中国和东盟国家为一个封闭的系统，没有充分考虑国际因素对增长溢出的影响。随着理论和方法的发展，以及统计工作的不断规范化，相信今后会逐渐解决上述问题。

参考文献

一、中文著作类

◎ 安虎森，2005. 空间经济学原理 [M]. 北京：经济科学出版社.

◎ 李平，2007. 国际技术扩散对发展中国家技术进步的影响：机制、效果及对策分析 [M]. 北京：生活·读书·新知三联书店.

◎ 林光平，龙志和，2014. 空间经济计量：理论与实证 [M]. 北京：科学出版社.

◎ 曼昆，2003. 经济学原理 [M]. 梁小民，译. 北京：机械工业出版社.

◎ 斯蒂格利茨，1997. 经济学 [M]. 梁小民，译. 北京：中国人民大学出版社.

◎ 宋承先，2004. 现代西方经济学 [M]. 上海：复旦大学出版社.

◎ 张丽君，2006. 地缘经济时代 [M]. 北京：中央民族大学出版社.

二、中文期刊类

◎ 薄文广，2008. 中国区际增长溢出效应及其差异——基于面板数据的实证研究 [J]. 经济科学（3）：34-47.

◎ 陈继勇，雷欣，黄开琢，2010. 知识溢出、自主创新能力与外商直接投资 [J]. 管理世界（7）：30-42.

◎ 陈秀莲，2011. 中国与东盟国家服务贸易互补性的研究 [J]. 财贸经济（6）：74-80.

◎ 程伟晶，冯帆，2014. 中国–东盟自由贸易区的贸易效应——基于三阶段引力模型的实证分析 [J]. 国际经贸探索（2）：4-16.

◎ 程永林，2004. 中国–东盟自由贸易区与我国的地缘经济利益研究 [J]. 昆明理工大学学报（1）：6-10.

◎ 范剑勇，石灵云，2009. 产业外部性、企业竞争环境与劳动生产率 [J]. 管理世界（8）：65-72.

◎ 傅元海，唐未兵，王展祥，2010. FDI溢出机制、技术进步路径与经济增长绩效 [J]. 经济研究（6）：92-104.

◎ 冯阳，2013. 中国与东盟农产品贸易竞争性与互补性研究 [J]. 农业现代化研究（5）：587-590.

◎ 范爱军，都春燕，2010. 贸易自由化与经济收敛的关联性研究——基于中国–东盟自由贸易区视角 [J]. 亚太经济（6）：46-51.

◎ 宫同瑶，辛贤，潘文卿，2012. 贸易壁垒变动对中国–东盟农产品贸易的影响——基于边境效应的测算及分解 [J]. 中国农村经济（2）：64-74.

◎ 胡翠，谢世清，2014. 中国制造业企业集聚的行业间垂直溢出效应研究 [J]. 世界经济（9）：77-94.

◎ 韩峰，王琢卓，阳立高，2014. 生产性服务业集聚、空间技术溢出效应与经济增长 [J]. 产业经济研究（2）：1-10.

◎ 胡敏，王铮，2015. 基于 GDP 溢出理论的国际地缘政治经济分析 [J]. 技术经济（1）：125–131.

◎ 黄新飞，欧阳利思，王绪硕，2014. 基于"多国模式"的中国－东盟自由贸易区贸易效应研究 [J]. 学术研究（4）：79–85.

◎ 李平，2006. 国际技术扩散的路径和方式 [J]. 世界经济（9）：85–93.

◎ 李小平，朱钟棣，2006. 国际贸易、R&D 溢出和生产率增长 [J]. 经济研究（2）：31–43.

◎ 李敏，陈澍，万广华，等，2014. 中国区域经济增长的空间关联及其解释——基于网络分析方法 [J]. 经济研究（11）：4–16.

◎ 李立民，曾秋芸，李静，2014. 东盟工业品贸易结构分析 [J]. 东南亚纵横（1）：45–51.

◎ 梁琦，1999. 知识经济发展的动力：R&D 存储与溢出 [J]. 南方经济（7）：32–24.

◎ 路江涌，2008. 外商直接投资对内资企业效率的影响和渠道 [J]. 经济研究（6）：95–106.

◎ 廖悲雨，王铮，隋文娟，2009. 中国受亚洲各区域的出口贸易溢出研究 [J]. 人文地理（1）：67–71.

◎ 潘文卿，2006. 地区间经济影响的反馈与溢出效应 [J]. 系统工程理论与实践（7）：86–91.

◎ 潘文卿，2012. 中国的区域关联与经济增长的空间溢出效应 [J]. 经济研究（1）：54–65.

◎ 司春林，1995. 技术创新的溢出效应 [J]. 研究与发展管理（3）：1–5.

◎ 孙智君，李响，2015. 文化产业集聚的空间溢出效应与收敛形态实证研究 [J]. 中国软科学（8）：173-183.

◎ 苏东辉，骆华松，蔡定昆，2013. 区外大国与东南亚地缘经济关系测度分析 [J]. 世界地理研究（1）：1-11.

◎ 孙林，徐旭霏，2011. 东盟贸易便利化对中国制造业产品出口影响的实证分析 [J]. 国际贸易问题（8）：101-109.

◎ 陶岸君，孙威，2010. 中国-东盟自由贸易区的建立对我国区域发展格局的影响与对策 [J]. 经济地理（5）：705-710.

◎ 王铮，刘海燕，刘丽，2003. 中国东中西部 GDP 溢出分析 [J]. 经济科学（1）：5-13.

◎ 王铮，龚轶，刘丽，2003. 中美间 R & D 溢出估计 [J]. 科学学研究（4）：396-399.

◎ 王立平，吕民乐，2005. 知识溢出的规模经济、范围经济与联结经济 [J]. 科学·经济·社会（4）：39-42.

◎ 王娟，2008. 中国与东盟国家服务贸易现状、结构与竞争力研究 [J]. 亚太经济（2）：55-58.

◎ 汪素芹，叶伟春，2003. 美国经济对中国经济溢出效应的实证分析 [J]. 经济评论（4）：122-124.

◎ 邬滋，2010. 集聚结构、知识溢出与区域创新绩效——基于空间计量的分析 [J]. 山西财经大学学报（3）：15-22.

◎ 吴静，王铮，汪臻，等，2009. 多国 GDP 溢出下我国应对国际金融危机的对策研究 [J]. 中国农业大学学报（社会科学版）（2）：152-159.

◎ 韦倩青, 2013. 中国-东盟工业制成品贸易逆差的真实利益探析——基于贸易附加值的测度 [J]. 现代经济探讨（7）: 10-14.

◎ 吴玉鸣, 2005. 空间溢出、经济增长趋同及成因分析 [J]. 西部发展评论（1）: 183-203.

◎ 谢富纪, 徐恒敏, 2001. 知识、知识流与知识溢出的经济学分析 [J]. 同济大学学报（社会科学版）（2）: 54-57.

◎ 徐盈之, 朱依曦, 孙剑, 2010. 知识溢出与区域经济增长: 基于空间计量模型的实证研究 [J]. 科研管理（6）: 105-112.

◎ 徐婧, 2008. CAFTA 对中国和东盟贸易扩大效应的实证研究 [J]. 世界经济研究（10）: 63-68.

◎ 邱丹阳, 2005. 中国-东盟自由贸易区: 中国和平崛起的地缘经济学思考 [J]. 当代亚太（1）: 8-13.

◎ 余振, 葛伟, 2014. 经济一体化与产业区位效应: 基于中国东盟自贸区产业层面的面板数据分析 [J]. 财贸经济（12）: 87-98.

◎ 颜银根, 安虎森, 2014. 中国分割的经济空间: 基于区域间经济增长溢出的实证研究 [J]. 当代经济科学（4）: 47-126.

◎ 周曙东, 胡冰川, 吴强, 等, 2006. 中国-东盟自由贸易区的建立对区域农产品贸易的动态影响分析 [J]. 管理世界（10）: 14-21.

◎ 张海洋, 2005. R&D 两面性、外资活动与中国工业生产率增长 [J]. 经济研究（5）: 107-117.

◎ 张建华, 欧阳轶雯, 2003. 外商直接投资、技术外溢与经济增长——对广东数据的实证分析 [J]. 经济学（季刊）（2）: 647-666.

◎ 赵伟，马瑞永，2006. 贸易与经济增长收敛研究综述 [J]. 国际贸易问题（5）: 124-128.

三、中文论文类

◎ 陈锴，2009. 中国 - 东盟地缘经济关系研究 [D]. 上海社会科学院.

四、外文著作类

◎ ANSELIN L, 1988. Spatial Econometrics: Methods and Models[M]. Boston MA: Kluwer Academic Publishers.

◎ BOUDEVILLE J R, 1966. Problems of Regional Economic Planning[M]. Edinburgh: Edinburgh University Press.

◎ BLOMSTROM M, 1989. Foreign Investment and Spillovers :A Study of Technology Transfer to Mexico[M] London: Rout ledge.

◎ ELHORST J P, 2014. Spatial Econometrics: From Cross-sectional Data to Spatial Panels[M]. Springer Berlin Heidelberg.

◎ FRIEDMANN J, 1972. A General Theory of Polarized Development[M]. New York: The Free Press.

◎ HIRSCHMAN A O, 1958. The Strategy of Economic Development[M]. New Haven:Yale University Press.

◎ LESAGE J P, PACE R K, 2009. Introduction to Spatial Econometrics[M]. Boca Raton: CRC Press Taylor & Francis Group.

◎ LOWRY I S, 1966. Migration and Metropolitan Growth: two analytical models[M]. California:Chandler Publishing Company.

◎ MYRDAL G, 1957. Economic theory and underdeveloped region[M]. London: Duckworth.

◎ MCKIBBIN W J, SACHS J, 1991. Global Linkages: Macroeconomic Interdependence and Cooperation in the World Economy[M]. Brookings Institution Press.

五、外文期刊类

◎ ARROW K, 1962. The Economic Implications of Learning by doing[J]. Review of Economic Studies(29):155-173.

◎ AITKEN B J, HARRISON A E , 1999. Do Domestic Firms Benefit From Direct Foreign Investment? Evidence for Venezuela[J]. American Economic Review(3):605-618.

◎ ANDERSON J E , WINCOOP E V, 2001. Gravity with Gravitas: a Solution to the Border Puzzle[J]. American Economic Review(1):170-192.

◎ BRANSTETTER L G, 1998. Looking for International Knowledge Spillovers A Review of the Literature with Suggestions for New Approaches[J]. Eeonomie et de Statistique(49): 517-540.

◎ BERNSTEIN J, 1988. Costs of Production, Intra-and Inter-industry R & D Spillovers: Canadian Evidence[J]. Canadian Journal of Economics(21):324-347.

◎ BISCHI G I, DAWID H, KOPEL M, 2003. Spillover Effects and Evolution of Firm Clusters[J]. Journal of Economic Behavior & Organization(1):315-338.

◎ BLOMSTROM M, PERSSON H, 1983. Foreign Investment and Spillover Efficiency in an Underdeveloped Economy: Evidence from the Mexican Manufacturing Industries [J]. World Development(11):493-501.

◎ BOTTAZZI L, PERI G, 2003. Innovation and Spillovers in Regions: Evidence from European Patent Data[J]. European Economics Review(47):687-710.

◎ BRETSCHGER L, 1999. Knowledge Diffusion and the Development of Region[J]. Annals Regional Sciences(33):251-268.

◎ BECK M, WINKER P, 2004. Peter Winker. Modeling Spillovers and Feedback of International Trade in a Disequilibrium Framework[J]. Economic Modeling(3): 1-470.

◎ BITZER J, GEISHECKER I, GRG H, 2008. Productivity Spillovers Through Vertical Linkages: Evidence from 17 OECD Countries[J]. Economics Letters(2): 1-12.

◎ BRUN J F, COMBES J L, RENARD M F, 2002. Are There Spillover Effect between the Coastal and Noncoastal Regions in China?[J]. China Economic Review(13):161-169.

◎ BORENSZTEIN E, GREGORIO J, LEE J W, 1998. How does foreign direct investment affect economic growth? [J]. Journal of International Economics(1):115-135.

◎ BARRO R J, IMARTIN X, 1991. Convergence Across States and Regions[J]. Brookings Papers on Economic Activity(2):107-182.

◎ BATTISTI M, VAIO G D, 2008. A Spatially Filtered Mixture of β-Convergence Regressions for EU Regions:1980-2002[J]. Empirical Economics(1):203.

◎ CRESPO N, FONTOURA M P, 2007. Maria Paula Fontoura. Determinant Factors of FDI Spillovers-What Do We Really Know?[J]. World Development(3): 410-425.

◎ CAVES R E, 1974. Multinational Firms, Competition, and Productivity in Host-Country Markets[J]. Economica new series(162):176-193.

◎ CHANG S, XU D, 2008. SPILLOVERS AND COMPETITION AMONG FOREIGN AND LOCAL FIRMS IN CHINA[J]. JOURNAL OF Strategic Management (5):495-518.

◎ CONLEY T G, LIGON E, 2002. Economic Distance and Cross-country Spillovers[J]. Journal of Economic Growth(7):157-187.

◎ COHEN J P, PAUL C J M, 2005. Agglomeration Economies and Industry Location Decisions: The Impacts of Spatial and Industrial Spillovers[J]. Regional Science and Urban Economics(3):215-237.

◎ DOUGALL M, 1960. The benefits and costs of private investment from abroad: a theoretical approach[J]. Economic Record(36):13-35.

◎ DIMELIS, SOPHIA P, 2005. Spillovers from Foreign Direct Investment and Firm Growth Technological, Financial and Market Structure Effects[J]. International Journal of the Economics of Business(1): 85 -104.

◎ Durlauf S N, Johnson P A, 1995. Multiple regimes and cross country growth behavior[J]. Journal of Applied Econometrics(4):365-384.

◎ EATON J, KORTUM S, 1996. Trade in Ideas: Patenting and Productivity in the OECD[J]. Journal of International Economics(40):251-278.

◎ ELHORST J P, 2010. Serial and Spatial Errorcorrelation[J]. Economics Letters(3):422-424.

◎ ELHORST J P, 2010. Applied Spatial Econometrics: Raising the bar[J]. Spatial Economic Analysis(1):9-28.

◎ FORNI M, PABA S, 2002. Spillovers and the Growth of Local Industries[J]. Journal of Industrial Economics(2): 151-171.

◎ FLEMING J M, 1962. Domestic Financial Policies under Fixed and Under Floating Exchange Rates[J]. Staff Papers-International Monetary Fund(3): 369-380.

◎ FURCERI D, 2005. β and σ-convergence: A mathematical relation of causality[J]. Economics Letters(2):212-215.

◎ FUJITA M, KRUGMAN P, 2004. The New Economic Geography: Past, Present and the Future [J]. Papers in Regional Science(83): 139-164.

◎ GRILICHES Z, LICHTENBERG F, 1984. Inter-industry Technology Flows and Productivity Growth: A Reexamination[J]. Review of Economics and Statistics(66): 324-329.

◎ GRILICHES Z, 1992. The Search for R & D Spillovers[J]. Scandinavian Journal of Economics(94):29-47.

◎ GROENEWOLD N G, LEE G, CHEN A, 2007. Regional Output Spillovers in China: Estimates from a VAR Model[J]. Papers in Regional Science(86):101-122.

◎ JAFFE A, 1986. Technological Opportunity and Spillovers of R & D: Evidence from Firm's Patents, Profits, and Market Value[J]. American Economic

Review(76):984-1001.

◎ KOLASA M, 2008. How does FDI Inflow Affect Productivity of Domestic Firms? [J]. Journal of International Trade & Economic Development(1):155-173.

◎ KOKKO A, 1994. Technology, Market Characteristics, and Spillovers[J]. Journal of Development Economics(2):279-293.

◎ KOKKO A, TANSINI R, ZEJAN M, 1996. Local Technological Capability and Spillovers from FDI in the Uruguayan Manufacturing Sector[J]. Journal of Development Studies(4):602-611.

◎ KERR W , GLAESER E , ELLISON G, 2010. What Causes Industry Agglomeration? Evidence from Co-Agglomeration of Pattern[J]. American Economic Review(3):1195-1213.

◎ KRUGMAN P, 1991. Increasing Returns and Economic Geography[J]. Journal of Political Economy(3):483-499.

◎ LEVIN R, REISS P, 1988. Cost-Reducing and Demand-Creating R & D with Spillovers[J]. Rand Journal of Economics : 538-556.

◎ LIU Z, 2008. Foreign Direct Investment and Technology Spillovers: Theory and Evidence[J]. Journal of Development Economics(1):176-193.

◎ LUCAS R E, 1988. On the Mechanisms of Economic Development[J]. Journal of Monetary Economics(22):1-42.

◎ LOEWY B, 1998. Free Trade, Growth, and Convergence[J]. Journal of Economic Growth(3):143-170.

◎ LONG G Y, 2000. Measuring the Spillover Effects: Some Chinese

Evidence[J]. Papers in Regional Science(1):75-89.

◎ LESAGE J P, FISCHER M M, 2008. Spatial Growth Regressions: Model Specification, Estimation and Interpretation[J]. Spatial Economic Analysis(3): 275-304.

◎ LUCAS R E, 1999. On the mechanics of economic development[J]. Quantitative Macroeconomics Working Papers(1):3-42.

◎ MONA, HADDAD, 1993. Are there Positive Spillovers from Direct Foreign Investment? Evidence from Panel Data for Morocco[J]. Journal of Development Economics(1): 51-74.

◎ MCCALLUM J, 1995. National borders matter: Canada U. S. regional trade patterns[J]. American economic review(3):615-623.

◎ MUNDELL R A, 1963. Capital Mobility and Stabilization Policy under Fixed and Flexible Exchange Rates[J]. Canadian Journal of Economics and Political Science(4): 475-485.

◎ MANKIW G, ROMER D, WEIL D, 1992. A Contribution to the Empirics of Economic Growth[J]. Quarterly Jouranl of Economics(107):407-437.

◎ OLIVEIRA M, GAMA J, 2012. An Overview of Social Network Analysis [J]. Data Mining and Knowledge Discovery(2): 99-115.

◎ OTTAVIANO G I P, PUGA D, 1998. Agglomeration in the Global Economy: a Survey of the "new economic geography" [J]. World Economy(6):707-731.

◎ PAUL A, GEROSKI, 1989. Entry, innovation and productivity growth[J]. The Review of Economics and Statistics(4):572-578.

◎ PEETERS D M, 1998. GDP-spillovers in Multi-country Models[J]. Economic Modelling(2): 163-195.

◎ PAUL M, ROMER, 1986. Increasing Returns and Long-run Growth[J]. Journal of Political Economy(5):1002-1037.

◎ ROSENTHAL S S, STRANGE W C, 2001. The Determinants of Agglomeration[J]. Journal of Urban Economics(2):191-229.

◎ RIVERA L A, ROMER P M, 1991. Economic Integration and Endogenous Growth[J]. Quarterly Journal of Economics(106):531-555.

◎ ROBERT M, 1956. A Contribution to the Theory of Economic growth[J]. The Quarterly Journal of Economics(1):65-94.

◎ WALLSTEN S J, 1999. An Empirical Test of Geographic Knowledge Spillovers Using Geographic Information Systems and Firm-level Data[J]. Regional Science and Urban Economics(5):571-599.

◎ STIGLITZ J E, 1969. A new view of technological change[J]. Economic Journal(79):116-131.

◎ SCHERER F, 1982. Inter-industry Technology Flows and Productivity Growth[J]. Review of Economics and Statistics(64):627-634.

◎ SCHMUTZLER A, 1998. Changing Places-The Role of Heterogeneity and Externalities in Cumulative Processes[J]. International Journal of Industrial Organization(16):445-461.

◎ SENA V, 2004. Total factor productivity and the spillover hypothesis: Some new evidence[J]. International Journal of Production Economics(1):31-42.

◎ SNYDER D, KICK E L, 1979. Structural Position in the World System and Economic Growth, 1955-1970: A Multiple-Network Analysis of Transnational Interactions[J]. American Journal of Sociology(5):1096-1126.

◎ SWAN W, 1956. Economic Growth and Capital Accumulation[J]. Economic Record(32):334-661.

六、外文论文类

◎ KOKKO, 1992. Foreign direct investment, host country characteristics and spillovers[D]. Stockholm: Stockholm School of Economics.

◎ KELLER W, 2000. Geographic Localization of International Technology Diffusion[D]. NBER Working Paper.

七、其他类型

◎ BARRO R J, 1990, IMARTIN X. Economic Growth and Convergence across the United States[Z]. NBER Working Paper.

◎ JAFFE A B, 1996. Economic analysis of research spillovers[C]//Implications for the Advanced Technology Program. National Institute of Standards and Technology, Gaithersburg, MD.

◎ KOLKO J. Agglomeration and Co-Agglomeration of Services Industries[EB/OL]. (2007-05-16)[2022-07-08] . https://papers. ssrn. com/sol3/papers. cfm?abstract_id=985711.

◎ KRUGMAN P R, 1993. What do We Need to Know about the International

Monetary System? [R]. International Economics Section, Department of Economics Princeton University.

◎ 李克强. 李克强在第 19 次中国—东盟（10+1）领导人会议暨中国—东盟建立对话关系 25 周年纪念峰会上的讲话 [EB/OL].(2016-09-19)[2022-07-01]. http://www.cafta.org.cn/show.php?contentid=79064.

◎ SOUNDARARA J P, 2013. Regional Income Convergence in India: A Bayesian Spatial Durbin model approach[R]. SSRN Electronic Journal.